www.ingramcontent.com/pod-product-compliance
Lightning Source LLC
LaVergne TN
LVHW010609070526
838199LV00063BA/5121
* 9 7 8 9 3 5 8 7 2 6 1 4 5 *

آئینے کی باتیں

(مضامین)

مترجم:
محمود احمد غزنوی

© Taemeer Publications LLC

Aaine ki BaateiN (Essays)

by: Mahmood Ahmed Ghaznavi

Edition: March '2024

Publisher :

Taemeer Publications LLC (Michigan, USA / Hyderabad, India)

ISBN 978-93-5872-614-5

9 789358 726145

مصنف یاناشر کی پیشگی اجازت کے بغیر اس کتاب کا کوئی بھی حصہ کسی بھی شکل میں بشمول ویب سائٹ پر اَپ لوڈنگ کے لیے استعمال نہ کیا جائے۔ نیز اس کتاب پر کسی بھی قسم کے تنازع کو نمٹانے کا اختیار صرف حیدرآباد (تلنگانہ) کی عدلیہ کو ہوگا۔

© تعمیر پبلی کیشنز

کتاب : **آئینے کی باتیں** (مضامین)

مرتب / مترجم : **محمود احمد غزنوی**

پروف ریڈنگ / تدوین : اعجاز عبید

صنف : غیر افسانوی نثر

ناشر : تعمیر پبلی کیشنز (حیدرآباد، انڈیا)

سالِ اشاعت : ۲۰۲۴ء

صفحات : ۷۲

سرورق ڈیزائن : تعمیر ویب ڈیزائن

حال ہی میں ایک چھوٹی سی کتاب نظر سے گذری جس کا نام ہے 'حدیث المرآۃ'، اس کے مصنف شیخ عبدالغنی العمری ہیں۔ میں نے چاہا کہ اس کا اردو ترجمہ کیا جائے۔ سو یہ ٹوٹا پھوٹا ترجمہ حاضرِ خدمت ہے۔ یہ بالکل لفظی ترجمہ نہیں ہے بلکہ کہیں کہیں ترجمانی سے بھی کام لیا گیا ہے کیونکہ بعینہ لفظی ترجمہ کرنے سے اردو عبارت میں روانی و سلاست نہیں رہتی اور خاصی اجنبیت محسوس ہوتی ہے۔

محمود احمد غزنوی

مقدّمہ

جب سے انسانیت نے ہوش سنبھالا ہے، عقلِ انساں حقیقت کی تلاش میں سرگرداں ہے۔ یوں کہنا چاہیئے کہ ہر ڈھونڈنے والے نے دراصل اور حقیقت کو ہی ڈھونڈنا چاہا، چاہے وہ اس بات سے آگاہ ہو یا نہ ہو۔

اور ان متلاشیوں میں زیادہ تر شہرت فلسفیوں کو ہی حاصل ہوئی حتیٰ کہ اب لوگ یہی سمجھتے ہیں کہ اس راہ میں کسی نے اگر کچھ سنگِ میل طے کئے ہیں تو وہ فلسفیوں نے ہی کئے ہیں۔ حالانکہ اصل معاملہ کچھ یوں ہے کہ فلسفیوں کے اقوال بھی اپنے قارئین کی مکمل تشفی کرنے میں ناکام اور حقیقت کی یافت سے عاجز رہے ہیں۔ اور یوں کہا جائے تو کچھ غلط نہ ہو گا کہ فلسفیوں نے اتنی مدتیں گذر جانے کے باوجود، عقلِ انسان کو سوائے حیرت اور اس بات کے اعتراف کے سوا کچھ نہیں دیا کہ 'حقیقت مخلوق کی دسترس سے ماوراء ہے'۔

اور متلاشیانِ حقیقت کی ایک کثیر تعداد نے اپنے تمام غور و فکر کے بعد اس بات کا اعتراف کیا کہ وہ منزلِ مقصود تک نہیں پہنچ سکے۔ اور جس روش پر عوام الناس کاربند ہیں، اسی پر اکتفا کرنے میں عافیت سمجھی۔

جی کے بہلانے کو غالب یہ خیال اچھا ہے

اور اہلِ فکر و نظر کے برعکس، بہت سے ماہرینِ فن نے ایسی راہوں پر سفر کیا جن مین منطق و فلسفے کو کوئی خاص اہمیت نہیں دی جاتی بلکہ صفائے ادراک اور لطیف

محسوسات کی قوتوں کو زیادہ ترجیح دی جاتی ہے۔ چنانچہ ایک کثیر تعداد نے اس راہ سے ہونے والے ظنّی یعنی غیر یقینی علم پر اکتفا کیا، لیکن اس قابل نہ ہو سکے کہ کسی حتمی نتیجے پر پہنچ سکیں۔

چنانچہ ان سب اہلِ فکر و فن کا غالب گمان یہی ہے کہ حقیقت کا کلّی ادراک ممکن نہیں۔ زیادہ سے زیادہ یہی ہو سکتا ہے کہ طالب، قرب کے ذریعے ایک اجمالی علم تک پہنچ جائے۔ اور اس اجمالی علم میں بھی وہ لوگ باہم مختلف الخیال ہیں۔

اور جہاں تک مذہب کا تعلق ہے، تو اہلِ مذہب کی بھی کثیر تعداد نے اپنے ایمان و اعتقاد کی بناء پر جو علم حاصل کیا، وہ مختلف مذاہب کے اعتبار سے مختلف تھا۔ گویا ایک طاقتور گمان بغیر حقیقی علم کے۔ اور اہلِ فکر و نظر کی طرح ان کا علم بھی جزوی ہے اور ذاتی و اجتماعی عوامل سے متاثر شدہ ہے۔

اللہ تعالیٰ کا احسان ہے کہ اس نے ہمیں (یعنی مصّنف کو) سنِ شعور میں قدم رکھتے ہی تلاشِ حقیقت کے لئے راہِ سلوک کا راہی بنایا۔ اور ہم نے ہر مسلک سے آگاہی حاصل کی، ہر مشرب کا ذوق حاصل کیا، اور ہمیں تحقیق کی شرائط، اس کے نتائج اور اس راہ میں پیش آنے والے شخصی و انفرادی اور اجتماعی اثرات کی مشکلات اور قباحتوں کا بھی علم حاصل ہوا۔ چنانچہ ہم نے ارادہ کیا کہ اس موضوع کا خلاصہ، ایک مکالمے کی صورت میں پیش کیا جائے جو پڑھنے والے کے لئے آسان بھی ہو، اور اگر وہ اس کا اہل ہے تو اسے اس مکالمے میں اپنی شمولیت کا احساس بھی ہو، ور اگر یہ نہ ہو سکے تو کم از کم اس موضوع کے بنیادی خدّوخال اس پر واضح ہو جائیں۔

اور ہم نے اس کتاب کے تین حصّے کئے ہیں:

پہلا حصّہ ۔۔۔ یہ ایک مکالمہ ہے کاتبِ حروف اور ایک کانچ کے آئینے کے درمیان

جو اس کے اندر پائے جانے والے اسرار سے مطلع کرتا ہے۔

دوسرا حصّہ۔۔۔ یہ ایک مکالمہ ہے کاتبِ حروف اور آئینۂ آدم کے درمیان، جس میں معرفت اور شناخت کی کچھ تفاصیل کو واضح کیا گیا ہے۔

تیسرا حصّہ۔۔۔ اور یہ ایک خود کلامی ہے کاتبِ حروف کی زبان سے، اس وقت، جب وہ بذاتِ خود، حقائقِ وجود کے لئے ایک آئینہ بن گیا۔

اس مکالمے میں ہم نے سلوک کے مراحل اور ہر مرحلے کی خصوصیت کو بھی مدِّ نظر رکھا ہے۔ اور ہم یہ سمجھتے ہیں کہ اس طریقے سے ہم نے روحانی مفاہیم کو اس انداز سے بیان کیا ہے کہ وہ فکر و منطق سے نہیں ٹکراتے۔

اور اس سب سے ہمارا مقصد یہ ہے کہ دونوں راستوں کے راہی اس سے کچھ نہ کچھ حاصل کریں۔ اور دونوں راستوں سے ہماری مراد، راہِ فلسفہ اور راہِ تصّوف ہے۔ درحقیقت ہم نے جو معانی بیان کئے ہیں وہ "مابعد الفلسفہ" ہے۔ اور یہ مابعد الفلسفہ کی اصطلاح ہم نے تفنّنِ خاطر کے لئے وضع نہیں کی، بلکہ اس سے یہ واضح کرنا مقصود ہے کہ علم تک پہنچنے کے لئے ضروری ہے کہ مختلف فلسفوں کی قائم کردہ حدود و قیود اور شرائط سے تجاوز کیا جائے۔

ہم اللہ سے ہی ہر قول و عمل میں راہِ صواب کی توفیق مانگتے ہیں۔ اور وہی سبحانہٗ و تعالیٰ ہمارا مددگار ہے

☆☆☆

کانچ کا آئینہ

میں آئینے کے سامنے کھڑا خود کو دیکھ رہا تھا کہ اچانک یوں محسوس ہوا جیسے آئینہ کچھ کہہ رہا ہو۔ جب ذرا توجہ سے کوشش کی تو کچھ یوں سنائی دیا:

---۔ تمہارے یوں میرے سامنے کھڑے ہونے میں تمہاری طرف سے دو باتوں کا اعتراف ہے۔

وہ کیا؟

---۔ پہلی یہ کہ تم اپنے آپ کو نہیں پہچانتے، اور دوسری یہ کہ خود کو پہچاننے کے لئے تمہیں میری ضرورت ہے۔ پس اب تم دیکھ لو کہ میرے مقابل تمہاری کیا حیثیت ہے۔

میں کون ہوں؟

---۔ یہ وہ سوال ہے کہ بڑے بڑے قابل لوگ بھی اس کا سامنا کرنے سے کتراتے رہے ہیں۔ تربیت اور تقلید کے ذریعے بڑی مہارت کے ساتھ اس سوال سے پیچھا چھڑا لیا جاتا ہے۔ مدتوں سے دہرائی جانے والی باتوں کا سہارا لے کر اپنی ناکامی کو ایک خوبصورت جواز فراہم کر دیا جاتا ہے اور یہ فرض کر لیا جاتا ہے کہ "یہ ان گھمبیر سوالات میں سے ہے جن کا کوئی جواب نہیں ہوتا"۔

تم اتنے یقین سے یہ بات کیسے کہہ سکتے ہو؟ کیا تم نے ان کی تمام تحقیقات کا مطالعہ کر لیا ہے؟ اور تمہیں اس سوال کا جواب کہیں نہیں مل سکا؟

---سنو، اگر تم میرے سامنے اپنے جہل کا اعتراف کرلو، اور ایسے تمام اسباب سے علیحدگی اختیار کرلو جن سے حماقت پیدا ہوتی ہے، اور توکل کی تلوار سے مسلّح ہو کر عزم و ہمت کے گھوڑے پر سوار ہو جاؤ تو میں تمہارے ساتھ اس حد تک چل سکتا ہوں جہاں سے تمہارے سفر کا آغاز ہو جائے، لیکن انجام تک نہیں۔ اصل میں تمہارا مسئلہ یہ ہے کہ تم یہ سمجھتے ہو کہ ایک معمولی آئینے کی بات کیسے مانی جاسکتی ہے، خصوصاً جب وہ بات بنی نوع انسان کے اعلی تعلیم یافتہ افراد کی باتوں سے مختلف بھی ہو۔

ارے واہ۔ تم میری طرف سے ایسی بات کیسے کہہ سکتے ہو جو میں نے کبھی کی ہی نہیں؟ یہ عجیب زبردستی ہے کہ میرا مافی الضمیر بیان کرنے کا حق مجھ سے چھین کر، اپنی کہی ہوئی بات کو مجھ پر مسلط کیا جارہا ہے۔

---اگر تم مجھے جانتے ہوتے تو یہ بات کر کے مجھے چکر دینے کی کوشش کبھی نہ کرتے۔ کیونکہ تمہارا مافی الضمیر جاننے کے لئے مجھے تم سے پوچھنے کی کوئی حاجت نہیں ہے، کیونکہ جو کچھ تم میں ہے، وہ مجھ پر ظاہر ہو جاتا ہے۔ اگر ایسی بات نہ ہو تو میں آئینہ ہی نہیں۔

غلط۔ سراسر غلط۔ کیونکہ آئینہ صرف ظاہری صورت دکھاتا ہے، ہمارے اندر کی بات نہیں۔

---دراصل تمہیں پتہ ہی نہیں ہے کہ جو کچھ تمہارے اندر ہے، وہ بھی صورتوں میں سے ایک صورت ہی ہے۔ اور یہ جو تم اپنے محسوسات پر اتنا تکیہ کئے بیٹھے ہو، اس کی وجہ تمہارا یہ وہم ہے کہ محسوسات حقیقت ہیں۔ اس وہم کا اثر ہے کہ تمہیں اپنے محسوسات پر حقیقت کا گمان ہوتا ہے۔ مجھے تو یہ ڈر ہے کہ تم کہیں ان حواس کے پردوں کی وجہ سے معانی سے بے خبر ہی نہ رہ جاؤ۔

غلط، تم میں جو صورتیں ظاہر ہوتی ہیں، ان کی کوئی حقیقت نہیں ہے، جبکہ میرے جن محسوسات کو تم 'صورتیں' کہہ رہے ہو وہ محسوسات حقیقی ہیں۔

---۔ تم سمجھے نہیں۔ کاش تم یہ جان پاؤ کہ آءینے اور ان میں ظاہر ہونے والی صورتیں، ان سب کی نوعیت، محل و مقام (Realm) کے تبدیل ہو جانے سے تبدیل ہو جاتی ہے۔ یہ بات یاد رکھو کہ آئینہ اور اس میں ظاہر ہونے والی صورت، دونوں کی حقیقت ایک ہے۔ یعنی جس چیز کا تعلق محسوسات کی دنیا سے ہے وہ محسوسات کے آئینے میں اپنی صورت دکھاتی ہے۔ اور جہاں تک معانی کا تعلق ہے، تو معنی بھی ایک صورت ہے جو عالمِ معانی سے تعلق رکھتی ہے، اور یہ صورت جس آئینے میں ظاہر ہو گی، اس آئینے کا تعلق بھی عالمِ معانی سے ہی ہو گا۔ پس محلّ و مقام کے اعتبار سے ان کی حقیقت میں کوئی فرق نہیں۔

اگر ایسی بات ہے تو پھر محسوس ہونے والی صورتیں محسوس ہونے والے آئینے میں ہی ظاہر ہونگی، اور تم جن معانی کا دعویٰ کرتے ہو وہ مجھے تم میں نظر نہیں آتے۔

یہ اس لیئے کہ تمہاری بصیرت کی آنکھ ابھی تک کھلی نہیں۔ بصیرت وہ آنکھ ہے جس کا تعلق عالمِ معانی سے ہے۔ اور ایسا آئینہ جس میں سب کچھ ظاہر ہوتا ہے اسے ہباء کہتے ہیں جسے قدیم فلاسفہ کی اصطلاح میں ہیولیٰ بھی کہا جاتا ہے۔ عرفِ عام میں آئینہ اس کو کہا جاتا ہے جس میں صورتوں کے اظہار کی قابلیت ہو، چنانچہ اس اعتبار سے ہر وہ شئے جو اپنی ذات کے اعتبار سے بے صورت ہو، لیکن اس میں صورتوں کے اظہار کی قابلیت ہو، تو اسے اپنے محلّ مقام کے اعتبار سے آئینہ ہی کہیں گے۔

---۔ ذرا میری طرف دیکھو۔--۔ تمہیں کیا دکھائی دیتا ہے؟

میری اپنی صورت

---کیا تمہیں اس بات میں کوئی شک وشبہ ہے کہ یہ تم اپنے آپ ہی کو دیکھ رہے ہو یا کوئی اور ہے؟

نہیں، کوئی شک وشبہ نہیں ہے۔

---تو کیا مجھ میں کوئی ایسی شئے ہے جو مجھ سے زائد ہے؟

نہیں۔

---تو پھر مجھ میں ایسا وہ کیا ہے جسے تم اپنا آپ قرار دے رہے ہو؟

میری صورت۔

اور تمہاری صورت، میرا غیر نہیں۔

تم چاہتے کیا ہو؟ کیا مقصد ہے تمہارا اس بات سے؟

---میں تمہیں تمہارے نفس اور تمہاری دنیا کی طرف متوجّہ کرنا چاہ رہا ہوں۔ تم سمجھتے ہو کہ تم اپنے آپ کو جانتے ہو اور اپنے ارد گرد کو جانتے ہو۔ اور اگر کوئی تمہارے اس گمان کے برعکس بتائے تو تم اس کی عقل پر شک کرنے لگتے ہو۔

کیا تم یہ کہنا چاہ رہے ہو کہ مجھے جو کچھ نظر آرہا ہے اپنے آپ میں اور اپنے ارد گرد، یہ سب اصل میں وجود نہیں رکھتا؟

---میرا مطلب محض یہ ہے کہ تم جو کچھ اپنی ذات کے متعلق محسوس کرتے ہو اور یہ یقین رکھتے ہو کہ یہ تم ہی ہو، تمہارے سوا اور کوئی نہیں۔ یہ احساس اور یہ یقین دراصل اس محلّ و مقام پر منحصر ہے جس میں اس وقت تم ہو۔ مثال کے طور پر، تم نیند میں اپنے آپ کو خواب کی دنیا میں دیکھتے ہو اور تمہیں یہ یقین ہوتا ہے کہ یہ تم ہی ہو۔ لیکن کیا یہ وہی "تم" ہو جسے تم بیداری میں دیکھتے ہو؟

تو گویا اس سے یہ ثابت ہوا کہ میرے کئی وجود ہیں اور وہ سب میں ہی ہوں؟

۔۔۔اگر میں تم سے یہ کہتا تو تم نے میری عقل پر شک کرنا تھا۔ لیکن میں اس بات کے ساتھ یہ بھی کہتا ہوں کہ تمہارا وجود واحد ہے۔ وگرنہ تم تم نہ ہوتے، لیکن اس وجود کی کئی صورتیں ہیں جو ہر مقام و محّل کے اعتبار سے مختلف ہیں۔

تم چاہتے کیا ہو؟

۔۔۔میں تمہیں یہ بتانا چاہتا ہوں کہ تم اپنے آپ کی حقیقت کو نہیں جان سکتے جب تک تم اپنی مختلف صورتوں کے درمیان موجود فرق کو نہ دیکھ سکو۔

تم اپنے ساتھ مجھے بھی سوچوں کی ان بھول بھلّیوں میں لے جانا چاہتے ہو، جن میں اکثر لوگ بھٹکتے رہتے ہیں۔ چنانچہ یا تو آدمی فلسفی بن جاتا ہے اور کسی نہ کسی توجیہہ کو پکڑ کر بیٹھ جاتا ہے، یا اس کا ذہنی توازن خراب ہو جاتا ہے۔

۔۔۔مجھے تمہارے اس خوف پر قطعاً کوئی حیرت نہیں ہوئی۔ کیونکہ یہ ایک طبعی خوف ہے۔ تم ڈرتے ہو کہ جس شئے کو تم اپنا آپ سمجھتے ہو، اس سے متعلقہ یہ احساسِ ذات، کہیں گم نہ ہو جائے۔ یہ ایک طبعی خوف ہے، لیکن اگر تم میں خود شناسی کی استعداد ہوئی اور جسے میں ایک شدید پیاس کہتا ہوں حقیقت کی کھوج کے لئے، تو امید ہے کہ تم اس طبعی خوف پر قابو پا لوگے۔ اور تم بھی اس تجربے سے آشنا ہو کر خود شناسی کی منزل تک پہنچ سکوگے۔

۔۔۔مجھے لگتا ہے کہ میری اس تکرار نے تمہیں کافی الجھا کر رکھ دیا ہے کہ "تم خود کو نہیں جانتے"۔ لیکن میں تمہارے لئے اس بات کو ذرا آسان کر دیتا ہوں۔

تم مجھ میں اپنی صورت دیکھ رہے ہو، کیا یہ صورت اپنے آپ کو جانتی ہے؟

یہ اپنے آپ کو کیسے جان سکتی ہے، یہ تو محض ایک صورت ہے، ایک عکس ہے۔

۔۔۔اور یہی بات میں تم سے کہہ چکا ہوں کہ تم بھی محض ایک صورت ہی ہو، ایک

دوسرے آئینے میں۔

لیکن میں اپنے آپ کو محسوس کر سکتا ہوں، اپنے ہونے کا شعور رکھتا ہوں، جبکہ آئینے میں دکھائی دینے والی صورت اپنے آپ کو محسوس نہیں کرتی۔

۔۔۔ چلو تھوڑی دیر کے لئے یہ فرض کر لو کہ مجھ میں نظر آنے والی صورت کو اپنا اور اپنے گردوپیش کا احساس ہے۔ کیا تم کہہ سکتے ہو کہ یہ اپنے آپ کو جانتی ہے؟

پتہ نہیں۔

۔۔۔ یہ اس لیئے کہ جب تک اس کو اس بات کا پتہ نہیں چلے گا کہ اس کی حقیقت مجھ سے ہے۔ اور اس کی نسبت مجھ سے ہے، تب تک یہ اپنی حقیقت کو نہیں جان سکتی۔ اور جونہی یہ حقیقت اسے معلوم ہوئی، لازم ہے کہ اس کو یہ بھی معلوم ہو جائے گا کہ وہ ایک اعتبار سے آئینے کو سوا اور کچھ نہیں۔ اور ایک دوسرے اعتبار سے وہ آئینے کی غیر ہے، کیونکہ وہ اس شئے کی صورت ہے جو آئینے کے سامنے کھڑی ہے۔

عقل تمہاری اس بات کو قبول نہیں کرتی۔ اور ابھی تھوڑی دیر پہلے تم نے خود یہ کہا تھا کہ "وجود ایک ہی ہے"۔

۔۔۔ میں اپنی بات پر قائم ہوں۔ لیکن تم اس بات کو اس وقت تک نہیں سمجھ سکتے جب تک یہ نہ جان لو کہ صورت کا وجود آئینے سے ہے اور یہ کہ اس کا وجود اس کے اپنے اختیار میں نہیں۔

تو پھر میں اپنے آپ کو کیسے جان پاؤں گا؟

۔۔۔ پہلی بات تو یہ ہے کہ یہ کام صورت کے مرہون منت نہیں ہے۔ کیونکہ اس سے پہلے جتنی بھی ایسی کوششیں کی گئی ہیں وہ سب نامرادی پر ختم ہوئیں۔ چنانچہ تم دیکھتے ہو کہ فلاسفر اور مفکرین اس پر جتنا زیادہ غوروخوض کرتے ہیں اتنا ہی ان کے جہل و

حیرت میں اضافہ ہوتا ہے۔ اور حقیقت سے اتنا ہی دور ہوئے جاتے ہیں۔

اب سوال یہ پیدا ہوتا ہے کہ اس عالی مرتبت علم کو کیسے حاصل کریں؟، تو جان لو کہ یہ اللہ تعالیٰ کے اذن کے بغیر حاصل نہیں ہوتا۔ اور جب ادھر سے اذن ہو جاتا ہے تو آپ کو اپنے سب سے زیادہ قریبی آئینے میں فتح باب نصیب ہو جاتی ہے۔

یہ فتحِ باب، آئینے میں کیسے حاصل ہوتی ہے؟

---۔ آئینے سے میری مراد یہ کانچ کا آئینہ نہیں۔ کیونکہ یہ تم سے حقیقی مناسبت رکھنے والے آئینے کی ایک صورت کے سوااور کچھ نہیں۔

اور یہ مجھ سے حقیقی مناسبت رکھنے والا آئینہ کیا ہے؟

---۔ یہ آئینۂ آدمیت ہے۔

کیا یہ کوئی آدمی ہوتا ہے؟

---۔ جان لو کہ ہر مقام و محلّ کے اعتبار سے آئینہ مختلف ہوتا ہے۔ جس طرح اجسام کے لئے ایک آئینہ ہوتا ہے جس میں صرف اجسام نظر آتے ہیں، اسی طرح قلوب اور ارواح کے لئے بھی آئینے ہوتے ہیں۔ اور چونکہ تم ایک آدمی ہو، چنانچہ شیشے کا بنا ہوا آئینہ تمہیں صرف تمہاری ظاہری جسمانی صورت ہی دکھائے گا جو اس کے مناسبِ حال ہے۔ اور تمہاری صورتِ معنویہ یا قلبی باطنی صورت جو تم سے اوجھل ہے، وہ اس وقت تک دکھائی نہیں دے گی جب تک تم آئینۂ آدمیت کے بالمقابل نہ آجاؤ۔ اور یہ آئینۂ آدمیت، بظاہر تمہاری طرح ایک آدمی ہی ہوتا ہے، لیکن باطنی اعتبار سے یہ ایک ایسا شخص ہوتا ہے جس نے تمام صفاتِ مقیّدہ سے آزادی حاصل کرلی ہوتی ہے، اور وہ بالکل ایک جوہرِ ساذج (سادہ ترین) بن چکا ہوتا ہے جس میں ہر مقابل آنے والے کا باطن منعکس ہوتا ہے۔

اب تم یہ بات کہہ رہے ہو، حالانکہ تھوڑی دیر قبل تم نے کہا تھا کہ تم میرے دل کی بات بھی جانتے ہو۔

---- میں نے پہلے جو بات تم سے کہی تھی وہ تم سے متعلقہ میرے اجمالی علم کی رُو سے تھی، کیونکہ تمام آئینوں کی حقیقت میں ایک اشتراک ہے۔ لیکن اب جو میں نے تم سے بات کی ہے، وہ تمہارے تفصیلی علم سے تعلق رکھتی ہے اور یہ تفصیلی علم تمہیں آئینہ ءِ آدمیت کے سامنے ہونے پر حاصل ہو گا۔ اور ان دونوں مراتب یعنی اجمال و تفصیل میں فرق ہے۔

تو پھر میں ایسے کسی آدمی سے کس طرح مل سکتا ہوں؟

---- جان لو کہ یہ تمہارے بس کی بات نہیں ہے۔ ہاں اگر اللہ چاہے اور اس کا اذن ہو جائے تو تمہیں ایسا شخص مل سکتا ہے۔

اللہ مجھے ایسے شخص سے کس طریقے سے ملوائے گا؟

---- ایسا عام اسباب کے ذریعے ہوتا ہے۔ جیسے اگر تم کسی شخص کا تذکرہ لوگوں سے سنو، اور جا کر اسے مل آؤ، یا تم پر ایسی سچّی طلب کا غلبہ ہو جائے کہ تم ایسے شخص کے لئے بے قرار ہو کر رہ جاؤ اور اس کے نتیجے میں اللہ تمہیں اپنے بندوں میں سے کسی بندے کی خصوصیت سے آگاہ کر دے۔ اور یا پھر یہ کہ تم پر خاص نظرِ عنایت ہو جائے اور ایسا شخص خود تمہارے پاس آکر تمہارا ہاتھ تھام لے۔

تو کیا محض آئینہٗ آدم کے بالمقابل ہو جانے سے میں اپنے آپ کو جان لوں گا؟

---- ہاں، اگر تمہیں پتہ ہو کہ بالمقابل ہو جانے کا کیا مطلب ہوتا ہے اور تم صحیح معنوں میں اس آئینے کے رُوبرو ہو جاؤ تب۔ لیکن اگر ایسا نہ کر پاؤ تو تم اپنے نفس کو ہی دیکھو گے بغیر کسی معرفت کے۔ یعنی مثال کے طور پر تم کسی اللہ کے بندے سے ملے، اور

تمہیں وہ شخص فاسق لگا، تو دراصل تم نے اس کے اندر اپنی ہی صورت دیکھی۔ لیکن تمہیں یہ علم نہ ہوا کہ یہ خود تمہارے اپنے نفس کی ہی ایک صورت ہے۔ چنانچہ تم اپنے آپ کی معرفت سے محروم رہ گئے۔

پھر فرق کیا ہوا؟ ایسے کسی آئینۂ آدم کے سامنے ہونا یا نہ ہونا برابر ہی ہوا، یعنی ہمیں اپنی معرفت حاصل نہ ہوئی۔

---۔ نہیں، کیونکہ اگر تمہارے لئے حقیقی طور پر آئینے کے روبرو ہو جانے کا اذن ہو چکا ہے تو تم اللہ کے اس بندے کے سامنے انکساری اور تواضع کا برتاؤ رکھو گے اور اس کی اطاعت پر کمربستہ رہو گے۔ اور تمہارے لئے اس اذنِ ربّی کی علامت یہ ہو گی کہ تم اس بندے کی بزرگی اور کمال کا عینی مشاہدہ کرنے سے قبل ہی اس کے اندر اس بزرگی اور کمال کے ہونے کا یقین اپنے دل میں پاؤ گے۔ اور اس معاملے میں تمہاری مثال ایسے ہی ہو گی جیسے کسی عجمی شخص سے عربی میں بات کی جائے اور وہ اسے سمجھ نہ سکے۔

اب میں نے تمہارے آغازِ سفر کی وضاحت کر دی ہے، جیسا کہ میں نے وعدہ کیا تھا۔ اور تمہاری جو امانت میرے پاس تھی اسے تم تک پہنچا دیا ہے۔ اور اب اس مقام سے آگے تمہیں لے کر جانا میرے بس میں نہیں ہے۔ اگر تم آگے بڑھنا چاہتے ہو تو ایسا ہی کرو جیسا میں نے تمہیں بتایا ہے۔ اور اگر ایسا نہ ہو سکے تو سمجھ لو کہ تم اس بات کے اہل ہی نہیں تھے۔ اب چلے جاؤ یہاں سے۔

ٹھہرو، رکو، ہو سکے تو مجھ پر تھوڑی سی مہربانی اور کر دو۔ مجھے کم از کم کچھ ایسی ضروری باتیں تو بتاتے جاؤ جو آگے آگے درپیش ہونے والے احوال میں میری تسلّی اور اطمینان کا باعث ہوں۔ کیونکہ مجھے یہ ڈر ہے کہ کہیں وحشتِ تنہائی کا شکار ہو کر بددل ہی نہ ہو جاؤں۔ مجھے یقین ہے کہ تم درست مشورے دیتے ہو اور حتی المقدور تم نے میرے ساتھ

کشادہ دلی اور فیاضی کا مظاہرہ ہی کیا ہے اب تک۔

۔۔۔ ٹھیک ہے تو پھر سنو۔ اس راہ میں بندے کو جو احوال پیش آتے ہیں ان کی ابتداء انتباہ سے ہوتی ہے۔ یہ انتباہ یا بیداری، بندے پر اللہ کی عنایت کی ایک علامت ہے۔ پس اس حالت میں بندہ خود کو غیر مطمئن سا محسوس کرتا ہے اور عامۃ الناس کی مرّوجہ روش پر قانع نہیں رہتا۔ معرفتِ حق کے لئے اپنے اندر ایک شدید طلب اور پیاس محسوس کرتا ہے۔

میری ساری عمر میں
ایک ہی کمی ہے تُو

حالانکہ شروع شروع میں حق تعالیٰ اس کے نزدیک، ناموں میں سے ایک نام ہی ہوتا ہے لیکن جلد ہی اس پر معاملہ واضح ہونا شروع ہو جاتا ہے۔ اس انتباہ یا بیداری کے سچّا ہونے کی دلیل یہ ہے کہ اسے دنیا سے بیزاری اور وحشت سی محسوس ہوتی ہے۔ اور یہ وحشت اس کے ظاہر پر بھی اثر انداز ہوتی ہے، حتّیٰ کہ اسے لوگوں سے کنارہ کش ہونے کے سوا، اور کسی کام میں راحت محسوس نہیں ہوتی۔ کیونکہ تمام دنیوی امور میں لوگوں کے ساتھ موافقت کرنا اس کے لئے تکلیف اور مشقّت کا موجب ہو جاتا ہے۔ یہ انتباہ اور بیداری، درحقیقت فتح یعنی کشودِ کار کی ابتداء ہوتی ہے، بشرطیکہ وہ شخص آدابِ شرعیہ سے موافقت و مطابقت رکھنے والے اعمال پر کاربند رہے۔

اور کبھی ایسا بھی ہوتا ہے کہ یہ حالتِ انتباہ طویل عرصے تک برقرار رہتی ہے۔ حتّیٰ کہ بڑھتے بڑھتے انسان کی حیرت و سرگردانی اتنی بڑھ جاتی ہے کہ اس کی حیاتِ جسمانی اور صحت کو بھی خطرات لاحق ہو جاتے ہیں، جیسا کہ امام غزالی رحمۃ اللہ علیہ کے ساتھ ایسا ہی معاملہ پیش آیا۔

یوں بھی ہوتا ہے کہ اللہ جلد ہی اپنی رحمت سے بندے کو اس حال میں سے نکال لے اور مرشد تک پہنچانے کا کوئی ظاہری یا مخفی سبب بنادے۔ اور زیادہ تر ایسا ہی ہوا کرتا ہے۔

لیکن کچھ بندوں کے ساتھ یہ معاملہ بھی کیا جاتا ہے کہ دفعتاً انہیں فتح نصیب ہو جاتی ہے۔ اور یہ محض اللہ کی عنایت ہے۔ چنانچہ ان کی حالتِ انتباہ کا نور ان کی فتح کے نور کے اندر سما جاتا ہے۔ چنانچہ ان کی ابتدائی حالت اور ان کی انتہائی حالت، ایک جیسی معلوم ہوتی ہے، جیسا کہ شیخِ اکبر محی الدّین ابن عربی رحمۃ اللہ علیہ کے ساتھ ہوا۔ اور اللہ جو چاہے، کرتا ہے۔

یہ بات اصل میں ترتیب سے متعلق ہے۔ تربیت اور فتح کی ترتیب۔ چنانچہ کچھ اہل اللہ ایسے ہیں جن کی تربیت اور تادیب پہلے ہوتی ہے اور فتح بعد میں نصیب ہوتی ہے۔ اور یہی عام طور پر ہوتا ہے۔

جبکہ کبھی کبھی اس کے برعکس بھی ہو جاتا ہے جیسا کہ میں نے بیان کیا۔ اور ضروری ہے کہ بندے کی تکمیل کے لئے یہ دونوں امور اس میں موجود ہوں۔ یعنی تزکیہ و تصفیہ اور فتح۔

پس دیکھ لو کہ کیا تم میں ایسی اصناف موجود ہیں؟ اگر نہیں تو تم ابھی اس خطابِ خاص کے اہل نہیں اور دائرۂ اختصاص میں داخل ہونے کے قابل نہیں۔

ذرا ٹھہر واے میرے آئینے۔۔۔ یہ جس حیرت کا تم نے ذکر کیا ہے، کیا اسے شک کا نام دیا جا سکتا ہے؟ کیونکہ بہت سی جامعات کے استاد اس معاملے میں غزالی اور ڈیکارٹ (Descartes) کو ایک دوسرے کے برابر رکھتے ہیں۔

۔۔۔ جان لو کہ حیرت اور شک ایک شئے نہیں ہیں۔ نیز یہ کہ حیرت کی بھی دو

قسمیں ہیں۔ ایک سلوک کی ابتداء میں لاحق ہوتی ہے اور دوسری وہ جو منتہیوں اور واصلین کو لاحق ہوتی ہے۔ پہلی حیرت کا سبب تو لاعلمی ہے، جبکہ دوسری حیرت علم کی وجہ سے پیدا ہوتی ہے۔

اور شک میں اور مبتدیوں کی حیرت میں بھی فرق ہے۔ کیونکہ شک کی جڑ کفر کی ظلمت میں ہے جو قلبِ کافت کو چاروں طرف سے ڈھانپ لیتی ہے اور یہی حالت ڈیکارٹ اور اس جیسے دوسرے فلسفیوں کی ہے۔

اور جہاں تک مبتدی کی حیرت کا تعلق ہے، تو یہ اس کے ایمان کے ساتھ ساتھ چلتی ہے۔ گاہے بگاہے کشف اور بصیرت بھی اپنا جلوہ دکھاتے رہتے ہیں اگر مبتدی میں اس کی استعداد ہو تو۔ اور یہ دونوں امور یعنی حیرت اور کشف و بصیرت ساتھ ساتھ چلتے ہیں اور مبتدی کو سمجھ نہیں آتی کہ اس کے ساتھ یہ کیا ہو رہا ہے

گاہ مری نگاہِ تیز، چیر گئی دلِ وجود۔۔۔
گاہ الجھ کے رہ گئی میرے توہّمات میں

اور یہی حالت غزالی رحمۃ اللہ علیہ کی تھی۔ جب انہوں نے علومِ عقل و نقل حاصل کر لئے لیکن انہیں پر اکتفانہ کیا۔ اور ان کی اس حالتِ حیرت کو بعض لوگ ان کا روحانی بحران قرار دیتے ہیں۔ یہ دراصل ان کے جوہرِ قابل اور اس کی نفاست کی دلیل ہے۔ اور یہ جوہرِ نفیس اس وقت پوری طرح آشکار ہو گیا جب وہ تحقق اور وصل کے درجے تک پہنچ گئے۔

اور رہی بات ان اساتذہ کی جو غزالی اور ڈیکارٹ کو ملاتے ہیں، دراصل یہ لوگ ایسے معاملات کی فہم کے اہل نہیں۔ کیونکہ یہ لوگ مختلف حقائق کے درمیان امتیاز نہیں کر سکتے۔ اور ان کی اپنی لگی بندھی سوچ ان کو درست علم تک پہنچنے سے روکے رکھتی ہے۔

تم ان بڑی بڑی جامعات اور اکیڈمک درسگاہوں پر زیادہ بھروسہ مت رکھو کیونکہ شک اور گمان، حقیقت کا نعم البدل کبھی نہیں ہوسکتے۔ چاہے ان کے درست ہونے پر پوری دنیا ہی متفق کیوں نہ ہو جائے۔ پس حقائق کو آپس میں گڈمڈ کرنے سے بچتے رہو۔

اللہ تمہیں ہدایت نصیب کرے۔

تو پھر مجھے کیسے پتہ چلے گا کہ میں جسے اپنا آئینہ سمجھ رہا ہوں، وہ حقیقت میں آئینہ بننے کے قابل ہے بھی یا نہیں؟

۔۔۔ جان لو کہ شیخِ ربّانی (آئینہ) دراصل مرید کی اپنی حقیقت ہے۔ پس جب مرید کا سامنا اپنی حقیقت سے ہوتا ہے تو لازمی طور پر اسے یہ محسوس ہو جاتا ہے۔ اور اسی بات کی طرف قرآن مجید میں اشارہ ہے "حیاتِ حوت" سے، جب مچھلی زندہ ہو گئی (سورہ کہف)۔ اور اس کی تفصیل یہ ہے کہ مرشد سے ملاقات سے قبل مرید کے دل کی حالت ایسی ہوتی ہے گویا اس میں زندگی ہی نہیں۔ محض ایک نام۔ اور اسے یہ بھی گمان نہیں گذرتا کہ اس حالت سے بہتر بھی کوئی حالت ہوتی ہے۔ اور اس بات کو وہی سمجھ سکتا ہے جس کا قلب اس حالت سے گذرنے کے بعد بیدار ہو چکا ہو، زندہ ہو چکا ہو۔ پس جب انسان اپنے حقیقی شیخ سے ملتا ہے تو غفلت سے شعور کی طرف منتقل ہوتا ہے۔ اور سب سے پہلے اسے اپنے قلب کی زندگی کا شعور حاصل ہوتا ہے۔ اور اس قلبی شعور کی علامات حسّی طور پر بھی ظاہر ہوتی ہیں۔ اور اس کو یہ سب بہت عجب و غریب لگتا ہے کیونکہ اس کے لئے اور اس جیسے دوسرے لوگوں کے لئے یہ سب خلافِ عادت اور غیر معمولی ہوتا ہے۔ پس جس شخص میں یہ بات ظہر ہو اس کو سمجھ جانا چاہیئے کہ اس کی مچھلی ابھی زندہ ہے اور یہ اس بات کی علامت ہے کہ وہ اس جگہ پہنچ گیا ہے جہاں سے اسے گوہرِ مقصود یعنی اپنی حقیقت کی معرفت حاصل ہو گی۔ پس اس کے بعد اسے چاہیئے کہ اس شیخ کے

دامن کو مضبوطی سے تھام لے، جیسے ڈوبنے والا بچانے والے کو پکڑ لیتا ہے۔ اور چاہئیے کہ اس شخص پر اپنی پوری توجہ اور ہمت مرکوز کردے۔ اور ایسا ہو جائے گویا اس شخص کے علاوہ باقی سب کچھ فراموش ہو گیا ہو۔

اسے چاہئیے کہ ایسے شیخ کی اطاعت کرے، بغیر کسی تردّد اور تاخیر کے، چاہے وہ شخص ظاہری مرتبے اور شہرت میں اِس سے کمتر ہی کیوں نہ ہو۔

اور اللہ اس کو توفیق دیتا ہے جو موافقت اختیار کرے۔

اگر مجھے کبھی ایسا شخص مل جائے اور قرائن سے اندازہ ہو جائے کہ یہی شخص میرا آبِ حیات ہے، اور میں اس شخص کے ساتھ اسی طرح پیش آؤں جیسے تم نے کہا ہے، تو مجھے اس سے کیا فائدہ حاصل ہوگا؟

۔۔۔ اللہ کے بندے، سب کچھ میں نے تمہیں بتا دیا اور تم ابھی بھی فائدے کا پوچھ رہے ہو۔ لگتا ہے تمہیں ان باتوں کی سچائی پر ابھی یقین نہیں آیا۔

یہ کیسے ہو سکتا ہے، میرا سوال محض شوقِ وصال کی شدّت کی وجہ سے تھا۔

۔۔۔ جان لو کہ جس شخص کی طلب سچّی ہوتی ہے، تو اس کی علامت یہ ہوتی ہے کہ جب بھی اس کا سامنا اپنے مرشد سے ہو جائے، تو تمام دنیاوی اور اُخروی حظوظ و لذائذ فراموش ہو جاتے ہیں۔ اور شیخ اس کی توجہ کا مرکز بن جاتا ہے۔ اسی بناء پر کہا گیا ہے کہ جس کی ابتداء روشن، اس کی انتہا بھی روشن، جس کی ابتداء جتنی محکم اور پائدار ہو گی، اس کی انتہا بھی اتنی ہی کامل و مکمّل ہو گی۔ اور ابتداء کی جمعیتِ قلب، انتہا میں حاصل ہونے والے مقامِ جمع کی طرف دلالت کرتی ہے۔

مجھے ڈر لگتا ہے کہ کہیں یہ سب شرک نہ ہو۔

۔۔۔ اللہ کے بندے، شرک میں پڑنے کا ڈر اسے ہی ہو سکتا ہے جس نے توحید کی

حقیقت کو پالیا ہو۔ کیونکہ جو شخص روشنی میں ہوتا ہے، اسی کو اندھیرے میں چلے جانے کا خوف ہوتا ہے۔ جو پہلے سے ہی اندھیرے میں ہو، اسے اندھیرے کا کیا خوف ہو گا۔ اور مبتدی کے حق میں یہ فرض کر لیا گیا ہے کہ جب تک اسے اخلاص اور خلوص کی حقیقت نہیں حاصل ہو جاتی، اس کا شرک میں مبتلا ہونے کا خوف محض تلبیسِ ابلیس ہے یا پھر حدیثِ نفس ہے۔

یہ بات ایک زاویئے سے تھی، اور اگر اسے دوسرے زاویئے سے دیکھا جائے تو یہ ممکن ہی نہیں کہ شیخِ ربّانی کی دلالت غیر اللہ پر کی جائے۔ کیونکہ وہ وارثِ نبی ہوتا ہے۔ اور اگر ایسا نہ ہو تو وہ شیخِ ربّانی نہ ہوا، کچھ اور ہوا۔ میرا مطلب یہ ہے کہ جو ربّانی ہوتا ہے، نفس پر اُسکے حوالے سے کوئی خوف لاحق نہیں ہوتا۔ خوف تو اس سے ہوتا ہے جو جو محض ربّانیت کا دعویٰ رکھتا ہو، چنانچہ لوگ اس کے معتقد ہو جائیں، اور وہ انہیں ہلاکت و بربادی تک لے جائے۔ چاہے ایسے شخص کی ہر بات بظاہر وحی کے مطابق ہی ہو، لیکن وہ انہیں شرک و گمرہی کی طرف ہی لے کر جائے گا۔ یہی وجہ ہے کہ بیشمار لوگ ایسے لوگوں کی چکنی چپڑی باتوں کے دام میں پھنس جاتے ہیں جن کا باطن ویران ہوتا ہے اور جو محض مداہنت یعنی خوشامدی رویئے سے کام چلاتے ہیں۔ اور لوگوں کے ساتھ ایسا اس لئے ہوتا ہے کہ وہ طلبِ شیخ میں اپنا رجوع رب کی طرف نہیں رکھتے۔ ان کے نفس ان کو اس کی طرف مائل کرتے ہیں جو ان کی تعریف کرتا ہو اور یہ سب صدقِ طلب کی قلّت کی وجہ سے ہے۔

اب میں تمہیں یہ بتاتا ہوں کہ تم اپنے شیخ سے کون سا حقیقی فائدہ حاصل کر سکو گے، اگر وہ شیخِ ربّانی ہوا۔ اور میں اجمالی طور پر بات کروں گا کیونکہ تفصیل ممکن نہیں ہے۔

جان لو کہ وہ فائدہ یہ ہے کہ تم اُس شیخ کے ذریعے، اپنے آپ کی معرفت اور اپنے ربّ کی معرفت حاصل کر سکتے ہو۔ اور یہ دونوں معرفتیں لازم و ملزوم ہیں۔ فرق صرف اتنا ہے کہ پہلی معرفت سیر نزولی میں بوقتِ فناء حاصل ہو گی۔ اور دوسری معرفت سیر عروجی میں نصیب ہو گی جس کا انجام بقاء ہے۔

اور یہ معرفت بتانے سے حاصل نہیں ہوتی۔ بلکہ ذوقی ہے۔ جس نے چکّھا اسی نے چکّھا۔

شیخ تمہاری استعداد کے مطابق اس سیر و سلوک کے مختلف مراحل میں تمہارے ساتھ ساتھ چلتا ہے۔ اور جب تم کسی مرحلے میں رسوخ حاصل کر لیتے ہو تو اُس مرحلے سے تمہیں ایسی معرفتِ نفس اور معرفتِ ربّ حاصل ہوتی ہے جو اگلے مرحلے کے لئے بمنزلہ زادِ سفر اور ضروری ہو۔ اور اسی طرح ہوتا رہتا ہے حتّیٰ کہ تم اپنے انتہائی مقام تک پہنچ جاؤ، بشرطیکہ تم سفر کے مراحل میں سے کسی ایک مرحلے پر ریجھ کر، وہیں کے ہو کر نہ رہ جاؤ، کیونکہ اس طرح تم اپنے سفر کو منقطع کر بیٹھو گے۔ اور بہتیرے لوگ اسی طرح اپنا سفر منقطع کر بیٹھتے ہیں

اور ہر طرح کی توفیق اللہ ہی کی طرف سے ہے۔

اگر مجھے مرشد کی صحبت نصیب ہو جائے، تو تو کیا کوئی ایسی علامات ہیں جن سے مجھے معلوم ہو سکے کہ میں اپنے سفر میں آگے بڑھ رہا ہوں؟

۔۔۔یہ آگے بڑھنا، سلوک کہلاتا ہے۔ اور یہ ضروری نہیں کہ ہر وہ شخص جو مرشد کی صحبت اختیار کرے، وہ سالک ہی ہو۔ کیونکہ سلوک کے لئے کچھ شرائط ہیں اور اس کے لئے ایک مخصوص استعداد کی ضرورت ہوتی ہے۔

سلوک کی علامت تو وہی ہے جس کا مشاہدہ عام حسّی و جسمانی سفر میں بھی کیا جاتا

ہے، اور وہ ہے تبدیلیِ مقام۔ یعنی سفر کی علامت ہی یہ ہے کہ آپ جس جگہ پر ہوتے ہیں، وہ تبدیل ہوتی رہتی ہے۔ چنانچہ جب مسافر اپنے ارد گرد کے ماحول کو تبدیل ہوتا ہوا دیکھتا ہے تو اسے معلوم ہو جاتا ہے کہ وہ سفر میں اور حرکت میں ہے، چنانچہ کبھی وہ اونچی جگہ سے گذرتا ہے اور کبھی نشیبی جگہ سے، کبھی ہرے بھرے علاقے سے اور کبھی لق و دق چٹیل میدان۔

لیکن ہم یہاں جس سفر کی بات کر رہے ہیں، چونکہ وہ حسّی نہیں بلکہ معنوی ہے، چنانچہ اس میں سالک کا مقام و مرتبہ تبدیل ہوتا ہے، اور مرتبے و مقام کی تبدیلی اس کے باطن پر اثر انداز ہوتی ہے۔ کبھی وہ خود کو خوف کی حالت میں پاتا ہے اور کبھی امّید میں، کبھی اطمینان و سکون اور کبھی حیرت و اضطراب، کبھی اشیاء سے انس محسوس کرتا ہے اور کبھی وحشت۔ اور ایسے کئی احوال اس پر گذرتے ہیں۔

یہ جو کچھ بھی تم نے بتایا ہے، یہ احوال تو ایک عام انسان کو بھی اپنی روزمرّہ زندگی میں پیش آتے رہتے ہیں۔ کیسے پتہ چلے گا کہ یہ احوال، علاماتِ سلوک ہیں؟

۔۔۔ عام آدمی کو روزمرّہ زندگی میں جو کچھ پیش آتا ہے، وہ وقتی اور عارضی کیفیّات ہوتی ہیں جو اس پر طاری ہوتی ہیں۔ جہاں تک سالک کی بات ہے، تو سالک کو جو احوال درپیش ہوتے ہیں، ان کے زیرِ اثر، اس کا باطن کلّی طور پر ان کیفیّات کے رنگ میں رنگا جاتا ہے۔ اور یہ کیفیّات اس سالک کے مقام و مرتبے کے مطابق ہوتی ہیں۔ یہ کیفیّات لمبے عرصے تک بھی طاری رہ سکتی ہیں اور چھوٹے عرصے تک بھی۔ لیکن عام آدمی جو کہ سالک نہیں ہے، وہ ان کیفیّات کا متحمّل نہیں ہو سکتا۔ فرض کرو کہ اہلِ طریق کے احوال و کیفیّات کو کسی عام انسان کے باطن پر الٹ دیا جائے، تو بسا اوقات ایسا بھی ہوا ہے کہ وہ شخص ان کیفیّات کا بوجھ برداشت نہ کر سکا اور اس کی روح قفسِ عنصری سے پرواز

کر گئی۔ چنانچہ سلوک کے لئے ضروری ہے کہ انسان ایک خاص استعداد کا حامل ہو۔

اور جس طرح عام عادی اور حسّی سفر میں مسافر کو ہر گام اور ہر منزل پر کوئی نہ کوئی نیا علم حاصل ہوتا ہے، اسی طرح سالک کو بھی دورانِ سلوک، ہر مقام پر ایک مخصوص علم سے نوازا جاتا ہے۔ اسی کو "مقام کا علم" کہتے ہیں۔ جس چیز کو فقہِ الطریق یا علم السّلوک کہا جاتا ہے، وہ دراصل یہی مقامات کے علوم ہیں۔ اور عام طور پر یہ سمجھا جاتا ہے کہ یہی "علم باللہ" ہے، لیکن حقیقت میں ایسا نہیں ہے۔ علم باللہ اور ہے اور علمِ سلوک کچھ اور۔

چنانچہ سالک کے ساتھ اللہ تعالیٰ کی طرف سے جو معاملات پیش آتے ہیں، سالک کو ان معاملات کا علم، سلوک کے مختلف مراحل کے دوران ہوتا رہتا ہے۔

اور اگر شوق و اشتیاق، جو اس سفر میں لوگوں کے لئے گویا ایک ساربان کی حیثیت رکھتا ہے، نہ ہو، تو سالکین کے لئے اس سفر کو جاری رکھنا نا ممکن ہو جائے۔

اور ہر طرح کی توفیق اللہ ہی کی طرف سے ہے۔

یہ باتیں تو ڈرانے والی ہیں۔ تم مجھ سے یہ توقع کیسے رکھ سکتے ہو کہ ایسی باتیں سننے کے بعد، میں اس راہ میں آگے بڑھنے کی ہمّت کروں؟

۔۔۔ پہلی بات تو یہ ہے کہ میری اس بات کے مخاطب، جواں مرد اور باہمّت لوگ ہیں۔ یہ باتیں ہر کس و ناکس کے لئے نہیں ہیں۔ اور جو شخص اعلیٰ امور کا ارادہ رکھتا ہو، ضروری ہے کہ وہ اس کے لئے استعداد بھی رکھتا ہو اور اپنے راستے میں آنے والی مشکلات کی پرواہ نہ بھی نہ کرتا ہو۔

اور دوسری بات یہ ہے کہ اتنا ڈرنے کی بھی ضرورت نہیں کیونکہ یہ مشکلات حقیقی نہیں ہوتیں، بلکہ ان کا تعلق وہم اور خیال کی دنیا سے ہوتا ہے۔ اور اگر وہم و خیال نہ ہوں تو اس راہ پر سفر کرنے کی ضرورت بھی نہ رہے۔

یہ کیسے ہو سکتا ہے کہ سلوک محض وہم و خیال میں واقع ہو۔ وہم تو نا قابلِ اعتبار اور غیر اہم ہوتا ہے۔

۔۔۔ جب وجود پر تمہاری نظر، نفسانی اور وہمی نظر ٹھہری، تو ضروری ہوا کہ تمہیں اس وہم سے نکالا جائے، تا کہ تم وجود کو حق کی آنکھ سے دیکھ سکو۔ اور اس وہم و خیال سے باہر نکلنا تدریجاً ہوتا ہے یعنی درجہ بدرجہ تمہیں اس وہم سے نکالا جاتا ہے، حتّیٰ کہ تم اس قابل ہو جاتے ہو کہ حق کو قبول کر سکو۔ اور اگر یہ کام بتدریج نہ ہو بلکہ دفعتہً اور یکلخت ہو جائے تو تم اسے برداشت نہیں کر سکو گے۔ چنانچہ یا تو تمہاری عقل جاتی رہے گی، یا پھر تمہارے اجزائے ترکیبی تحلیل ہونا شروع ہو جائیں گے اور موت واقع ہو جائے گی۔ اگرچہ ان دونوں احوال میں بامراد رہو گے، لیکن راسخ العلم ہونے میں اور دیوانہ ہو جانے یا مر جانے میں بہت بڑا فرق ہے۔

یہ لوگ جو اچانک فتح کے مل جانے کی وجہ سے اپنی عقل کھو بیٹھتے ہیں، انہیں مجذوب کہا جاتا ہے۔ یہ صاحبِ حال ہوتے ہیں۔ ان کے جسم تو سلامت رہ جاتے ہیں لیکن عقل، اللہ میں کھو جاتی ہے۔

ہماری یہ گفتگو، جذب کی بجائے، سلوک سے تعلق رکھتی ہے۔ اور سلوک یہ ہے کہ انسان باریک بینی اور سمجھداری کے ساتھ سفر طے کرے۔ اور اپنی استعداد کے مطابق، جب تحقّق اور وصول سے ہمکنار ہو، تو اس قابل ہو کہ اس کا بوجھ برداشت کر سکے۔ اور بکھر جانے کی بجائے سلامت رہے۔ اور حق تعالیٰ کی طرف جانے کا سب سے اکمل طریق یہی ہے، اور یہی انبیاء کا راستہ ہے۔

اور باطن کے تحقّق کے ساتھ ظاہر کے سلامت رکھنے میں حکمت یہ ہے کہ اس طرح وجود کے مراتب کا حق ادا ہوتا ہے۔ کیونکہ عقل گم کر بیٹھنے کا مطلب ہے کہ محض

احدیّت میں رہ گئے (جس میں مراتبِ وجود کی تفاصیل پر نظر نہیں ہوتی)۔ لیکن کمال تو یہ ہے کہ آپ ہر حقدار کا حق ادا کریں۔

مجھے یہ کہنے میں کوئی عار نہیں کہ جن باتوں کی طرف تم نے اشارہ کیا ہے، ان میں سے کافی باتیں ایسی ہیں جو میں پوری طرح سمجھ نہیں پایا۔ شائد یہ ایسی باتیں ہیں جو اس راہ میں قدم رکھنے کے بعد ہی، اپنے مناسب وقت پر سمجھ میں آتی ہیں۔

---ٹھیک ہے۔ ہم ایسی کسی بات کے درپئے نہیں ہوتے، جس کو کسی بھی مثال سے سمجھانہ جا سکے۔ کیونکہ مبتدی کے حق میں ایسا تصوّر ممکن نہیں۔ اور ایسی کوئی بھی کوشش اسے بجائے قریب کرنے کے، اور دور کر دیتی ہے۔ اور یہ صورت حال اس وجہ سے ہے کہ اس سے وابستہ علم، بہت جلیل القدر اور بلند و بالا ہے۔

چنانچہ اس صورتِ حال میں، اللہ کی عنایتِ ازلی کے بعد جس چیز پر اعتماد کیا جا سکتا ہے، وہ شیخِ ربّانی کی ذات ہے۔ یعنی ایسا شیخِ کامل، جس پر تمہیں اتنا بھروسہ ہو کہ تم اپنی مرضی اور اپنا اختیار اس کے حوالے کر سکو۔ بلکہ شیخِ ربّانی بھی اس مقام تک نہیں پہنچا سکتا جب تک کہ عنایتِ ازلی بندے کے شاملِ حال نہ ہو۔ کیونکہ 'وہ' الآخر ہے۔ انسان کے لئے ممکن نہیں کہ اس کی صفات کا احاطہ کر سکے یا اس کے خصائص و امتیازات کو پوری طرح سمجھ سکے۔

اگر ایسی ہی بات ہے تو ایسا کیوں ہے کہ ہم بہت سے شیوّخ دیکھتے ہیں، جن کے مرید ہزاروں کی تعداد میں ہوتے ہیں جبکہ جلیل القدر اور بلند و بالا ہونے کا مطلب یہ ہے کہ اس مرتبے تک بہت ہی کم لوگ پہنچ پائے ہوں۔

---یہ بات درست ہے۔ لیکن تمہیں معلوم ہونا چاہیئے کہ یہ ضروری نہیں کہ جس شخص کو لوگ شیخِ کامل سمجھ کر معتقد ہو جاتے ہیں، وہ حقیقت میں بھی شیخِ کامل ہی ہو۔

کیونکہ شیخِ کامل ہونے کے جو تقاضے ہیں (یعنی اہلیتِ شیخ)، لوگ ان سے پوری طرح آگاہ نہیں ہیں۔

لیکن اگر ایسا ہو جائے کہ شیخ واقعۃً شیخِ کامل ہو، تب بھی یہ ضروری نہیں کہ ہر وہ شخص جو اس سے وابستہ ہو گیا، وہ حقیقی طور پر اس کے ساتھ ہو۔ کیونکہ ارادت کی جو شرائط ہیں، بہت کم لوگ ان پر پورا اترتے ہیں۔ چنانچہ مرید تو بیشمار ہوتے ہیں لیکن ان میں سے حقیقی اور اصلی مرید بہت کم ہوتے ہیں، ایسے لوگ ہی شیخ صحیح معنوں میں تعلق رکھتے ہیں۔ اگرچہ باقی لوگ جو شیخ کے ساتھ اس درجے کا اختلاط و ارتباط نہیں رکھتے، خیر سے وہ بھی محروم نہیں رہتے۔

اب مزید گفتگو محض بیکار اور فضول ہے۔ وہ وقت آگیا ہے کہ جس کام کا تم نے عزم کیا ہے، اب اس کی طرف بڑھو، اور پیچھے مڑ کے نہ دیکھو اور نہ ہی اپنے قدم پیچھے ہٹاؤ۔ اللہ تم پر اپنی جانب سے ایسی نوازش کرے جو تمہیں اس شخص تک پہنچا دے جس میں تمہارے لئے بھلائی رکھی گئی ہو۔

والسّلام علیک۔

☆☆

آئینۂ آدمیّت

آئینے سے جدا ہونے، اس کی باتوں پر اچھی طرح غور کر لینے اور اس کا مطمحِ نظر سمجھ لینے کے بعد، اس نے اپنے ابنائے جنس میں تلاش و جستجو کی حتّیٰ کہ زندگی اسے اس شخص تک کشاں کشاں لے گئی جس میں اسے اپنی حقیقت دکھائی دینے کا امکان نظر آیا۔

سیّدی، مجھے کیسے یہ پتہ چلے گا کہ آپ میری حقیقت ہیں، جبکہ آپ صورت کے اعتبار سے تو دوسرے انسانوں کی طرح ہی ہیں؟

---بیٹا، یہ ممکن نہیں کہ حقیقت کو دو آنکھوں سے دیکھا جاسکے، یہ تو ایک آنکھ سے ہی نظر آتی ہے۔

اور یہ ایک آنکھ کون سی ہے؟

---یہ تمہارے قلب کی آنکھ ہے۔اور اس کا نام ہے بصیرت۔ چنانچہ اس کے ساتھ بھی وہی کچھ پیش آسکتا ہے جو ظاہری آنکھوں کے ساتھ پیش آیا کرتا ہے۔ چنانچہ یہ چشمِ بصیرت درست بھی ہوسکتی ہے، بیمار بھی ہوسکتی ہے، اور اندھے پن میں بھی مبتلا ہوسکتی ہے۔پس جس کی بصیرت صحیح سلامت ہو گی، وہ مجھے پہچان سکے گا، اور جو بیمار ہو اسے لازم ہے کہ میری رہنمائی کے مطابق چلے، حتّیٰ کہ اس کی بینائی واپس لوٹ آئے۔ لیکن جس کی چشمِ بصیرت اندھی ہو، وہ مجھ سے کٹ چکا ہے۔

یاسیّدی، مجھے اپنی بصیرت کا حال کیسے معلوم ہو گا؟

---تم ہمیں اس وقت تک دیکھ نہیں سکو گے جب تک اس چیز سے نجات حاصل

نہ کرلو جو تمہاری نگاہ پر پردہ ڈالتی ہے، یا اسے کمزور کرتی ہے۔ میرا کہنے کا مقصد یہ ہے کہ لوگوں کی غالب اکثریّت کی آنکھیں درستگی کی محتاج ہیں۔

ایسی کون سی چیز ہے جو میری نگاہ پر پردہ ڈال دیتی ہے اور مجھے اس کا پتہ تک نہیں؟

---ہر ایسی بات جو تمہارے والدین اور اساتذہ کی پرورش و تربیت کے نتیجے میں تمہیں حاصل ہوئی، اور ہر وہ بات جسے تم محض اپنی قوم اور اُن لوگوں کی وجہ سے جانتے ہو، جن میں تمہاری زندگی گذری۔

میں ان سب باتوں سے بھلا کس طرح علیحدہ ہو سکتا ہوں، یہ کوئی آسان کام تو نہیں ہے۔

---سب سے پہلے تم پر یہ لازم ہے کہ تم دینِ حق یعنی اسلام پر رہو۔ کیونکہ یہ کنجی ہے راہِ حقیقت کی۔ اور جس کے پاس کنجی نہ ہو اسے اس احاطے میں داخل ہونے کا خیال نکال دینا چاہئیے۔

آپ اسلام کو یہ خصوصیت کیسے دے سکتے ہیں جبکہ اس سے پہلے شیخِ اکبر جیسے کئی محقّقین نے ہر قسم کے عقیدے میں معرفتِ حق پر کلام کیا ہے۔ کیا یہ محققین کے درمیان اختلافی بات نہیں ہے؟

---بیٹا، جو شخص اپنے کام میں محکم نہ ہو، اس کے پھسلنے کا ڈر رہتا ہے۔ ہم جو بات کر رہے تھے اس کا تعلق مبتدی سے ہے، اور جس کلام کی طرف تم نے اشارہ کیا ہے، وہ منتہی کی جانب سے ہے۔

توکیا اس سے یہ سمجھنا چاہئیے کہ منتہی کے لئے ضروری نہیں کہ وہ مسلم ہو؟

---ایسا ہرگز نہیں ہے۔ تم اس وقت اپنی فکر کو اس میدان میں دوڑانے کی کوشش کر رہے ہو جو تمہارے مقام و مرتبے سے بلند ہے، چنانچہ ایسے نتائج نکال رہے ہو

جو خلافِ حق ہیں۔ اور ایسا اکثر لوگوں نے کیا ہے۔ ان میں سے ایسے لوگ بھی ہیں جو اپنے آپ کو اس بات سے برتر سمجھتے ہیں کہ اہلِ حق کے ہاتھوں سے کچھ علم حاصل کریں۔ چنانچہ وہ خود بھی بھٹکے اور دوسروں کو بھی بھٹکایا، اور اہل اللہ میں شیخِ اکبر جیسے لوگوں کی طرف جہالت اور ظلم کو منسوب کرنے لگے۔

سب سے پہلے تمہیں یہ بات سمجھنی چاہیئے کہ صرف اسلام ہی ہے جو دینِ حق ہے۔ اور چونکہ اسلام ہی واحد دینِ حق ہے، تو اس حیثیّت سے ضروری ہوا کہ اس میں ہر وہ سچّائی موجود ہو جو دوسرے ادیان و مذاہب میں پائی جاتی ہے، اور کچھ ایسی سچّائیاں بھی اس میں ہوں جو اور کسی مذہب میں نہ پائی جاتی ہوں۔ اور یہ اطلاق صرف اسلام ہی کو حاصل ہے، باقی جتنے مذاہب ہیں وہ مقیّد ہیں یعنی ان کا دائرۂ کار محدود ہے۔ اور اگر اسلام میں یہ آفاقیت اور اطلاق نہ ہوتا تو اس کا خاتم الشّرائع ہونا بھی ممکن نہ ہوتا۔ چنانچہ یہ باقی شریعتوں کو منسوخ نہ کرتا اور نہ ہی اس کو دوسرے ادیان پر غلبہ وتسلّط دیا جاتا۔

اس اطلاق سے تم اور تم جیسے دوسرے لوگ محض عبادات اور حلال و حرام کے احکامات مراد لیتے ہو لیکن اکابر اور انتہائی اعلیٰ مقامات کے حامل لوگ اس اطلاق کو صرف عبادات اور احکامات تک ہی نہیں محدود سمجھتے، بلکہ اس سے کہیں بڑھ کر اور وسیع تر علمی معنوں میں اس اطلاق کو دیکھتے ہیں۔ ان کا اطلاق تمہاری سمجھ میں آنے والے اس اطلاق سے آگے کی چیز ہے۔ تمہارا اطلاق تو یہیں تک محدود ہے کہ بس آدمی اہلِ اسلام کے عقیدے پر ہو اور اللہ کی عبادت اس کی شریعت کے مطابق کرتا رہے۔

جب تک ہم تمہیں اس معنی کے قریب لے کر جائیں، اتنی دیر تک اپنے ذہن میں اسلام کا یہ تصّور کرو کہ گویا ایک سمندر ہے، جس میں مختلف دریا اور نہریں گرتی ہیں۔ یہ نہریں گویا مختلف قسم کے عقائد ہیں۔ اور سمندر گویا اطلاق ہے، آفاقیت اور لا محدودیت

ہے، علم کے اعتبار سے۔ لیکن اگر شریعت کے اعتبار سے دیکھیں تو ضروری ہے کہ تم اس سمندر میں اسلام کی نہر کے راستے آؤ، جو دوسرے عقائد کی نہروں کی مانند ایک نہر ہے۔

بہت سے لوگ جو استدلالی اور عقلی طور پر ان معانی میں غور کرتے ہیں۔ مختلف حقائق کو باہم خلط ملط کر دینے کی وجہ سے اصل مفہوم سے بہت دور جا پڑتے ہیں، اور یہ غلط مفہوم، راہِ حق میں آنے والی رکاوٹوں میں سے ایک بڑی رکاوٹ ہے۔

لیکن وہ عام لوگ جنہیں یہ وہم ہے کہ وہ اس طرح کے مسائل کی گہرائیوں میں جانے کے اہل ہیں، اور اہلِ حق کو کفر اور دوسرے برے الزامات کا نشانہ بناتے ہیں، یہ سمجھتے ہوئے کہ وہ لوگ دھوکے اور گمرہی کا شکار ہوگئے، تو ایسے لوگ اس قابل نہیں کہ ہم انہیں مخاطب کریں۔ اور ہم نے ان کی اس طرزِ عمل کا ذکر تم سے اس لئے کیا ہے تاکہ تم ان جیسے نہ ہو جاؤ۔

آئینے سے جدا ہونے، اس کی باتوں پر اچھی طرح غور کر لینے اور اس کا مطمحِ نظر سمجھ لینے کے بعد، اس نے اپنے ابنائے جنس میں تلاش و جستجو کی حتّٰی کہ زندگی اسے اس شخص تک کشاں کشاں لے گئی جس میں اسے اپنی حقیقت دکھائی دینے کا امکان نظر آیا۔

سیّدی، مجھے کیسے یہ پتہ چلے گا کہ آپ میری حقیقت ہیں، جبکہ آپ صورت کے اعتبار سے تو دوسرے انسانوں کی طرح ہی ہیں؟

---بیٹا، یہ ممکن نہیں کہ حقیقت کو دو آنکھوں سے دیکھا جا سکے، یہ تو ایک آنکھ سے ہی نظر آتی ہے۔

اور یہ ایک آنکھ کون سی ہے؟

---یہ تمہارے قلب کی آنکھ ہے۔ اور اس کا نام ہے بصیرت۔ چنانچہ اس کے ساتھ بھی وہی کچھ پیش آسکتا ہے جو ظاہری آنکھوں کے ساتھ پیش آیا کرتا ہے۔ چنانچہ یہ

چشمِ بصیرت درست بھی ہو سکتی ہے، بیمار بھی ہو سکتی ہے، اور اندھے پن میں بھی مبتلا ہو سکتی ہے۔ پس جس کی بصیرت صحیح سلامت ہو گی، وہ مجھے پہچان سکے گا، اور جو بیمار ہو اسے لازم ہے کہ میری رہنمائی کے مطابق چلے، حتیٰ کہ اس کی بینائی واپس لوٹ آئے۔ لیکن جس کی چشمِ بصیرت اندھی ہو، وہ مجھ سے کٹ چکا ہے۔

یاسیّدی، مجھے اپنی بصیرت کا حال کیسے معلوم ہو گا؟

---تم ہمیں اس وقت تک دیکھ نہیں سکو گے جب تک اس چیز سے نجات حاصل نہ کر لو جو تمہاری نگاہ پر پردہ ڈالتی ہے، یا اسے کمزور کرتی ہے۔ میرا کہنے کا مقصد یہ ہے کہ لوگوں کی غالب اکثریّت کی آنکھیں درستگی کی محتاج ہیں۔

ایسی کون سی چیز ہے جو میری نگاہ پر پردہ ڈال دیتی ہے اور مجھے اس کا پتہ تک نہیں؟

---ہر ایسی بات جو تمہارے والدین اور اساتذہ کی پرورش و تربیت کے نتیجے میں تمہیں حاصل ہوئی، اور ہر وہ بات جسے تم محض اپنی قوم اور اُن لوگوں کی وجہ سے جانتے ہو، جن میں تمہاری زندگی گذری۔

میں ان سب باتوں سے بھلا کس طرح علیحدہ ہو سکتا ہوں، یہ کوئی آسان کام تو نہیں ہے۔

---سب سے پہلے تم پر یہ لازم ہے کہ تم دینِ حق یعنی اسلام پر رہو۔ کیونکہ یہ کنجی ہے راہِ حقیقت کی۔ اور جس کے پاس کنجی نہ ہو اسے اس احاطے میں داخل ہونے کا خیال نکال دینا چاہیئے۔

آپ اسلام کو یہ خصوصیت کیسے دے سکتے ہیں جبکہ اس سے پہلے شیخِ اکبر جیسے کئی محقّقین نے ہر قسم کے عقیدے میں معرفتِ حق پر کلام کیا ہے۔ کیا یہ محققین کے درمیان اختلافی بات نہیں ہے؟

۔۔۔ بیٹا، جو شخص اپنے کام میں محکم نہ ہو، اس کے پھسلنے کا ڈر رہتا ہے۔ ہم جو بات کر رہے تھے اس کا تعلق مبتدی سے ہے، اور جس کلام کی طرف تم نے اشارہ کیا ہے، وہ منتہی کی جانب سے ہے۔

تو کیا اس سے یہ سمجھنا چاہیئے کہ منتہی کے لئے ضروری نہیں کہ وہ مسلم ہو؟

۔۔۔ ایسا ہر گز نہیں ہے۔ تم اس وقت اپنی فکر کو اس میدان میں دوڑانے کی کوشش کر رہے ہو جو تمہارے مقام و مرتبے سے بلند ہے، چنانچہ ایسے نتائج نکال رہے ہو جو خلافِ حق ہیں۔ اور ایسا اکثر لوگوں نے کیا ہے۔ ان میں سے ایسے لوگ بھی ہیں جو اپنے آپ کو اس بات سے برتر سمجھتے ہیں کہ اہلِ حق کے ہاتھوں سے کچھ علم حاصل کریں۔ چنانچہ وہ خود بھی بھٹکے اور دوسروں کو بھی بھٹکایا، اور اہل اللہ میں شیخِ اکبر جیسے لوگوں کی طرف جہالت اور ظلم کو منسوب کرنے لگے۔

سب سے پہلے تمہیں یہ بات سمجھنی چاہیئے کہ صرف اسلام ہی ہے جو دینِ حق ہے۔ اور چونکہ اسلام ہی واحد دینِ حق ہے، تو اس حیثیّت سے ضروری ہوا کہ اس میں ہر وہ سچّائی موجود ہو جو دوسرے ادیان و مذاہب میں پائی جاتی ہے، اور کچھ ایسی سچّائیاں بھی اس میں ہوں جو اور کسی مذہب میں نہ پائی جاتی ہوں۔ اور یہ اطلاق صرف اسلام ہی کو حاصل ہے، باقی جتنے مذاہب ہیں وہ مقیّد ہیں یعنی ان کا دائرۂ کار محدود ہے۔ اور اگر اسلام میں یہ آفاقیت اور اطلاق نہ ہوتا تو اس کا خاتم الشّرائع ہونا بھی ممکن نہ ہوتا۔ چنانچہ یہ باقی شریعتوں کو منسوخ نہ کرتا اور نہ ہی اس کو دوسرے ادیان پر غلبہ و تسلّط دیا جاتا۔

اس اطلاق سے تم اور تم جیسے دوسرے لوگ محض عبادات اور حلال و حرام کے احکامات مراد لیتے ہو لیکن اکابر اور انتہائی اعلیٰ مقامات کے حامل لوگ اس اطلاق کو صرف عبادات اور احکامات تک ہی نہیں محدود سمجھتے، بلکہ اس سے کہیں بڑھ کر اور وسیع تر علمی

معنوں میں اس اطلاق کو دیکھتے ہیں۔ ان کا اطلاق تمہاری سمجھ میں آنے والے اس اطلاق سے آگے کی چیز ہے۔ تمہارا اطلاق تو یہیں تک محدود ہے کہ بس آدمی اہلِ اسلام کے عقیدے پر ہو اور اللہ کی عبادت اس کی شریعت کے مطابق کرتا رہے۔

جب تک ہم تمہیں اس معنی کے قریب لے کر جائیں، اتنی دیر تک اپنے ذہن میں اسلام کا یہ تصّور کرو کہ گویا ایک سمندر ہے، جس میں مختلف دریا اور نہریں گرتی ہیں۔ یہ نہریں گویا مختلف قسم کے عقائد ہیں۔ اور سمندر گویا اطلاق ہے، آفاقیت اور لا محدودیت ہے، علم کے اعتبار سے۔ لیکن اگر شریعت کے اعتبار سے دیکھیں تو ضروری ہے کہ تم اس سمندر میں اسلام کی نہر کے راستے آؤ، جو دوسرے عقائد کی نہروں کی مانند ایک نہر ہے۔

بہت سے لوگ جو استدلالی اور عقلی طور پر ان معانی میں غور کرتے ہیں۔ مختلف حقائق کو باہم خلط ملط کر دینے کی وجہ سے اصل مفہوم سے بہت دور جا پڑتے ہیں، اور یہ غلط مفہوم، راہِ حق میں آنے والی رکاوٹوں میں سے ایک بڑی رکاوٹ ہے۔

لیکن وہ عام لوگ جنہیں یہ وہم ہے کہ وہ اس طرح کے مسائل کی گہرائیوں میں جانے کے اہل ہیں، اور اہلِ حق کو کفر اور دوسرے برے الزامات کا نشانہ بناتے ہیں، یہ سمجھتے ہوئے کہ وہ لوگ دھوکے اور گمرہی کا شکار ہو گئے، تو ایسے لوگ اس قابل نہیں کہ ہم انہیں مخاطب کریں۔ اور ہم نے ان کی اس طرزِ عمل کا ذکر تم سے اس لئے کیا ہے تا کہ تم ان جیسے نہ ہو جاؤ۔

اگر طلبِ حقیقت کے لئے اسلام ایک شرط ہے، تو کیا وجہ ہے کہ بہت ہی کم تعداد میں مسلمان اس حقیقت تک پہنچ پائے۔ اگر ہم صرف تعداد کے اعتبار سے ہی اس معاملے کو دیکھیں تو ضرور کہنا پڑے گا کہ یہ اگر اس راہ سے روکتا نہیں تو کم از کم پہنچاتا بھی نہیں ہے۔

---بات ٹھیک ہے لیکن تمہیں چاہئیے کہ اصلی اسلام اور مذہبی اسلام کے فرق کو بھی ملحوظِ خاطر رکھو۔ مذہبی اسلام سے ہماری مراد لگے بندھے نظریات پر مبنی مکاتبِ فکر ہیں۔ اور تمہیں یہ بھی مدِّ نظر رکھنا چاہئیے کہ حقیقت کے طلبگار بہت کم ہوتے ہیں۔ حتّیٰ کہ مسلمانوں میں بھی ان کی تعداد خاصی کم ہے۔ اور ہمارے مخاطب یہی قلیل تعداد والے لوگ ہیں۔ اس بات کو ذہن میں رکھّو۔

میں یہ نہیں کہہ رہا کہ آپ غلطی پر ہیں، لیکن یہ حقیقت ہے کہ میرا ذہن اس بات کو ابھی تک سمجھ نہیں پایا کہ ایک ہی دین سے وابستہ افراد کے درمیان یہ فرق کیوں ہے؟ کیا یہ نیّتوں کے اختلاف کی وجہ سے ہوتا ہے، یا حقیقت سے کسی مکتبہ فکر کے دور ہونے یا قریب ہونے کی وجہ سے ہوتا ہے؟ یا پھر کوئی اور وجہ؟

---اگر دین ایک ہی ہے، تو پھر اختلاف کو ہم دین سے نہیں بلکہ دین کے علمبرداروں یعنی مذہبی یا مذہب پسند لوگوں سے منسوب کریں گے۔

جان لو کہ اللہ تعالیٰ نے دین کی اصل کے اعتبار سے اس کے دو مرتبے وضع کئے ہیں۔

پہلا مرتبے کا مقصد اللہ کی معرفت ہے، جبکہ دوسرے مرتبے کی غرض و غایت، اس کی جنّت میں داخلہ ہے۔

چنانچہ اس بناء پر اہلِ دین کے بھی دو گروہ ہو گئے ہیں۔ ایک گروہ وہ ہے جن کا مطلوب و مقصود صرف اللہ ہے اور وہ کسی اور شئے کو اس قابل نہیں سمجھتے کہ اسے اپنی زندگی کا مقصد بنایا جائے۔ یہی لوگ ہیں جو راہِ حقیقت کے مسافر ہیں۔ جبکہ دوسرا گروہ وہ ہے جن کی فکر ان کے اپنے نفوس سے وابستہ ہے، چنانچہ وہ اپنی نجات کے لئے کوشاں ہوتے ہیں۔ زیادہ تر مذہبی لوگ اسی گروہ سے تعلق رکھتے ہیں۔ اور یہ لوگ پہلے گروہ

والے لوگوں کے اعمال و اقوال کو غلط قرار دیتے ہیں اور ان کا انکار کرتے ہیں۔ کیونکہ یہ لوگ اُن لوگوں کی حقیقتِ حال کو سمجھ نہیں پاتے۔ چنانچہ یہ ایک بڑی وجہ ہے اس اختلاف کی جو تم اہلِ اسلام کے درمیان دیکھتے ہو۔

یعنی اس کا مطلب یہ ہوا کہ مسلمانوں کو بھی کچھ اصلاح اور درستگی کی ضرورت ہے تاکہ وہ آپ لوگوں کی راہ پر چلنے کے قابل ہو سکیں؟

۔۔۔ کیونکہ ہم پہلے یہ ذکر کر چکے ہیں کہ اس راہ کے لئے اسلام ایک کنجی کی حیثیّت رکھتا ہے۔ باقی جہاں تک اسلام کے تحقّق یعنی Realization کی بات ہے، تو یہی تو ہمارا مقصد ہے۔

مسلمان ہونے کے بعد مجھے اور کیا کیا کرنا ہو گا؟

۔۔۔ تمہیں اب یہ کرنا ہو گا کہ اپنے قلب کی نظر سے بس ہمیں دیکھتے رہو۔ اور یہ ایسا ہی ہے کہ گویا تم آئینے کے مقابل کھڑے ہو، کیونکہ آدمی اپنی صورت اس وقت تک نہیں دیکھ سکتا جب تک آئینے کے بالمقابل کھڑا نہ ہو جائے۔ تاکہ اس کی صورت کامل طور پر آئینے میں ظاہر ہو بغیر کسی بگاڑ (Distortion) کے۔

تو اس سے میں کیا دیکھ سکوں گا؟

۔۔۔ چونکہ یہ مشاہدہ بصیرت کی آنکھ سے ہو گا، اس لئے تم اس کے ذریعے اپنی معنوی صورت دیکھ سکو گے۔ اور جوں جوں تمہاری بینائی بڑھتی جائے گی، تم ہیں اس کے اخلاق اور علوم کی تفصیلات کا علم حاصل ہوتا رہے گا۔

لیکن ابتداء کے لئے ضروری ہے کہ تم جس بنیاد پر بھی کھڑے ہو، اسے منہدم کر دیا جائے، تاکہ نئی تعمیر، حق کی بنیادوں پر ہو۔

وہ کیسے؟

---۔ اس وقت تم اپنے وجود کو اپنے وہم و خیال کے مطابق دیکھ رہے ہو اور اس Perception کا معاملہ باطل پر مبنی ہے۔ اور اس سے مزید ظلمت ہی پیدا ہوگی۔ اور ظلمت میں نظر کام نہیں کرتی۔

اس وقت تم جس وہم و خیال پر قائم ہو، اس کی بنیاد ان لفظوں سے وابستہ ہے جو بچپن سے اب تک تمہارے ارد گرد رہے ہیں اور تمہارا اپنی شخصیت کے بارے میں یہ احساس اور یہ خیال وقت کے ساتھ ساتھ گہرا ہوتا چلا جاتا ہے۔ بلکہ اس خیال کے راسخ کرنے میں تمہارا اپنا بھی ایک کردار ہے۔ کیونکہ اس خیال کے ذریعے تم اپنے بارے میں یقین اور اطمینان حاصل کرنا چاہتے ہو۔ جبکہ دوسرے لوگوں کی طرح تمہیں بھی کبھی پتہ نہیں چلتا کہ اس Perception سے تمہارے اور حق کے درمیان مزید فاصلے پیدا ہو رہے ہیں۔

تم اس وقت دنیا کی قید میں ہو۔ اور تمہیں اس میں اپنے محسوسات کے سوا، کچھ دکھائی نہیں دیتا، اور اپنے اغراض و مقاصد کے سوا تم کسی اور کی پیروی نہیں کرتے۔ پس تمہیں کیسے یہ خیال گذر سکتا ہے کہ تم راہِ سلوک پر گامزن ہونے کی استعداد رکھتے ہو یا نہیں۔

یا سیّدی، اگر معاملہ ایسا ہی ہے جیسے آپ نے فرمایا، تو اس سے رہائی کی کیا سبیل ہے؟

---۔ کاش تم جانتے کہ تم جس حالت میں ہو، اس سے نکلنا اتنا آسان نہیں ہے۔ کیونکہ تم اس کے عادی ہو چکے اور اس حالت سے ہٹ کر کسی اور ممکنہ حالت کا شائبہ بھی تمہارے خیال میں نہیں آتا۔ تم اس وقت اپنی 'دنیا' سے اسی طرح چمٹے ہوئے ہو جس طرح جنین، رحمِ مادر سے چمٹا ہوا ہوتا ہے۔ اور اس موجودہ حالت سے علیحدگی، گویا ایک

طرح کی موت ہے۔ اور علیحدگی کا یہ عمل بڑا تکلیف دہ ہوتا ہے، تاوقتیکہ تمہیں اس بات پر ثبات و قرار حاصل ہو جائے جو بات تمہیں ہمارے ذریعے مطلوب ہے۔

یاسیّدی، لگتا ہے کہ آپ مجھے مایوس کرنا چاہ رہے ہیں، یا پھر مجھے میری نااہلی اور عدم قابلیت سے آگاہ کرنا چاہتے ہیں۔

---نہیں، میں نے تم سے جو کچھ کہا ہے وہ سچ ہے، بغیر کسی کمی یا اضافے کے۔ میں تمہیں یہ بتانا چاہتا تھا کہ کوئی بھی شخص، ہمارے اس راستے پر، اپنے نفس کے ذریعے نہیں چل سکتا اور اس معاملے میں وہ اپنے ہمجنسوں کی طرح ہی ہوتا ہے۔

پھر آپ جیسے لوگوں کے لئے کیسے یہ ممکن ہو جاتا ہے کہ وہ اس راہ پر چلیں، جبکہ وہ بھی ہمارے ہمجنس ہی ہوتے ہیں؟

---اے بیٹے، ان کو یہ استطاعت، اپنے نفسوں سے نہیں ملتی، ایسا کبھی بھی نہیں ہو سکتا۔ بلکہ یہ حق تعالیٰ ہے جو ان کے لئے یہ دروازہ کھول دیتا ہے، جس کے ذریعے سے وہ عادات کے قید خانے سے نکل جاتے ہیں۔

اس سب گفتگو سے میں یہ سمجھا ہوں کہ طلبِ حقیقت دراصل اللہ کی طرف سے چن لئے جانے پر موقوف ہے۔ اور شروعات اُس کی طرف سے ہی ہوتی ہے۔ اور یہ ہر کسی کا نصیب نہیں۔

---یہ درست ہے۔ اور اس کی وجہ عزّتِ حق ہے۔ اور عزیز کے معنی ہی یہ ہیں کہ کوئی بھی اس سے نہ مل سکے، بغیر اس کی اپنی اجازت کے۔

تو پھر یہ بڑے بڑے لوگ جو حقیقت کی طلب میں مارے مارے پھرتے ہیں، ان کو زندگی کے کسی نہ کسی مرحلے میں یہ احساس کیوں نہیں ہوتا کہ یہ دروازہ، چُنے ہوئے مخصوص لوگوں ہی کے لئے کھلتا ہے۔

---ایسا اس لئے ہے کہ اللہ نے ان کو جس فطرت پر پیدا کیا ہے، یہ اُس فطرت کا تقاضا ہے۔ زیادہ تر لوگوں کے ساتھ یہی ہوتا ہے کہ وقت گذرنے کے ساتھ ساتھ انہوں نے اپنے اپنے نفوس کے متعلق جو رائے قائم کرلی ہوتی ہے، اس کی وجہ سے ان کی اصل فطرت کے خدّوخال پوری طرح واضح نہیں ہو پاتے۔ اور وہ ان دونوں کو (یعنی فطرتی تقاضا اور اپنے متعلق ان کا گمان) اکٹھا نہیں کر پاتے۔ لیکن جس فتحِ باب کا ہم نے ذکر کیا ہے وہ تو ایسے ہی ہے جیسے فطرت کی پکار کو یکایک سن لیا جائے، اور اس کی دعا کو قبول کر لیا جائے۔ بعینہ ایسا ہی ہوتا ہے۔

آدمی کو کیسے پتہ چلے گا کہ دروازہ اس کے لئے کھل چکا ہے؟

---چونکہ ابھی انسان مرتبۂ جہل میں ہوتا ہے، علم میں نہیں، چنانچہ اسے پتہ ہی نہیں چلتا کہ اس کے ساتھ کیا واقعہ گذر گیا ہے۔ لیکن اتنا میں بتا دیتا ہوں کہ اس دروازے کے کھلنے کے بعد اس کے نفس پر کیا گذرتی ہے۔

اللہ اس کی دنیاوی زندگی کے اسباب میں سے کوئی ایسا سبب ظاہر فرما دیتا ہے کہ وہ جس وہمی و اعتباری اطمینان (Peace of mind) کے ساتھ زندگی گذار رہا ہوتا ہے، اس اطمینان کی بنیادیں ہل کر رہ جاتی ہیں۔ اور ایسا یا تو کسی شدید مشقّت سے گذرنے سے یا کوئی بڑی مصیبت کے واقع ہونے سے ہوتا ہے جس سے اس کا ثبات و قرار رخصت ہو جاتا ہے، اور یا پھر اس پر ایسا ذوق و شوق غلبہ پا لیتا ہے کہ اس کی راتوں کی نیندیں اڑ جاتی ہیں۔

چنانچہ اسے جھنجوڑ کر رکھ دیا جاتا ہے یا تو خوف و اضطراب سے، یا دل و جگر کو پھونک کر رکھ دینے والے جذبۂ شوق سے۔ اور ان دونوں حالتوں میں اس کی ابتدائی حالتِ قرار، جو اس پر اس واردات سے قبل طاری تھی، جاتی رہتی ہے۔ اور وہ اس در تک پہنچنے کے

قابل ہو جاتا ہے۔ یعنی داخلی دروازہ تک پہنچ کر اس کے سلوک کی ابتداء ہو جاتی ہے۔

یا سیّدی، براہِ کرم اس بات کو ذرا اور کھول کر بیان فرمادیں تاکہ میں اچھی طرح سمجھ سکوں۔

۔۔۔ ٹھیک ہے۔ جیسا کہ تمہیں پتہ ہے کہ جب انسان اس دنیا میں آتا ہے تو اسے کسی بات کا علم نہیں ہوتا۔ اس کے بعد والدین یا کسی اور کی تربیت کے زیرِ اثر، اس کی شخصیت کی ایک صورت بننا شروع ہو جاتی ہے۔ اور دن بہ دن اس صورت کی حالت بدلتی رہتی ہے۔ چنانچہ تم دیکھتے ہو کہ جو شخص غور و فکر کا عادی ہے اور سوچ بچار میں مشغول رہتا ہے، وہ اس شخص سے کافی مختلف ہوتا ہے جس کی فکر محض جسمانی ضروریات کی تکمیل سے ہی وابستہ ہو۔ چنانچہ اسی شخصی صورت کی روشنی میں کسی بھی شخص کا راستہ، اس کا مقصد اور غرض و غایت متعین ہوتی ہے۔ اور یہیں سے لوگوں کی شخصیات میں اختلاف رونما ہوتا ہے۔ چنانچہ کوئی شخص سکون پسندی اختیار کرتا ہے اور چاہتا ہے کہ کوئی ایسی بات نہ ہو جس سے اس کا طرزِ زندگی درہم برہم ہو جائے، اور کوئی مختلف راستوں پر چلنے اور مختلف تجربات سے گذرنے کا شائق ہوتا ہے۔ کسی کے مزاج میں قناعت پسندی ہوتی ہے اور کسی پر اعلیٰ مراتب کے حصول کی دھن سوار رہتی ہے، چنانچہ اس میں آگے نکلنے اور مسابقت کا رجحان جنم لیتا ہے۔ علیٰ ھذ القیاس۔

اور اگر ہم دورِ حاضر کے عام انسان کی بات کریں تو تم دیکھو گے کہ آغازِ عمر میں وہ تحصیلِ علم اور مدرسوں میں مشغول ہوتا ہے۔ جب وہاں سے فارغ ہوتا ہے تو رزق کمانے کے لئے کسی نہ کسی پیشے سے منسلک ہو جاتا ہے۔ جب اس میں کامیاب ہوتا ہے تو اس کی عائلی زندگی (Family life) شروع ہو جاتی ہے۔ جب بچّے ہو جاتے ہیں تو پھر ان کی تعلیم و تربیت کی فکر دامنگیر ہوتی ہے۔ اور اسی طرح زندگی کے مطالبات اور تقاضے بڑھتے

رہتے ہیں۔ چنانچہ اس نے گھر بھی بنانا ہے، معقول سواری کا بھی انتظام کرنا ہے۔ اور اگر اسے استطاعت حاصل ہو جائے تو اعلیٰ ذوق کی بجا آوری کی خاطر عمدہ اور نفیس اشیاء کے حصول میں بھی مشغول رہتا ہے۔ اور اگر وہ اسی روش پر قائم رہے تو اسے احساس بھی نہیں ہوتا اور ایک دن چپکے سے موت اس کے دروازے پر دستک دے دیتی ہے۔ چنانچہ جیسے دنیا میں آیا تھا ویسے ہی جہالت کی حالت میں اپنے اعمال کا بوجھ اٹھائے دنیا سے رخصت ہو جاتا ہے۔

لیکن وہ شخص سکے لئے حق تعالیٰ نے چاہا کہ اسے کوئی خیر خبر حاصل ہو، تو اس کو کسی نہ کسی حسّی یا غیبی سبب سے، اس عام روش سے جدا کر دیا جاتا ہے۔ چنانچہ وہ گذر گاہِ عوام سے ذرا ہٹ کر، رک کر اپنے آپ سے پوچھتا ہے کہ اس ساری بھاگ دوڑ کا کیا مقصد ہے؟ اور دیکھتا ہے کہ لوگ بے شعوری کی حالت میں چلے جا رہے ہیں جیسے کوئی نیند میں چل رہا ہو۔ چنانچہ اسے کسی شدید کمی کا احساس ہوتا ہے اور معرفتِ حق کی لگن لگ جاتی ہے۔ اور اس پیاس کا مداوا کرنے کی کوشش کرتا ہے۔ چنانچہ اگر اذنِ الٰہی ہو چکا ہو تو کسی نہ کسی در پر پہنچ جاتا ہے۔

یہ جو آپ نے فرمایا، ایسا تو اکثر فلسفیوں کے ساتھ بھی ہوتا ہے۔ کیا وہ بھی اہلِ حقیقت میں سے ہیں؟

---۔ تم نے صحیح کہا، فلسفی بھی اس عمل سے گذرتے ہیں اور لوگوں کی عام روش سے علیحدہ ہو جاتے ہیں، اور اپنے اور دوسروں کے احوال میں کافی غور و خوض سے کام لیتے ہیں۔ لیکن یہ لوگ اہلِ حقیقت میں سے نہیں، اگرچہ اس کی طلب رکھتے ہوں۔

ایسا کیوں ہے؟

---۔ جان لو کہ ہر طالبِ حقیقت کے سامنے دو راستے ہوتے ہیں۔ تیسرا کوئی نہیں۔

ایک وہ راہ ہے جس میں گامزن ہونا، آپ کے اپنے نفس سے منسوب ہے۔ اور ہماری مراد خصوصی طور پر فکر و استدلال سے نتائج مرتب کرنے کی قوّت سے ہے۔ چنانچہ کچھ لوگ اسی قوّت کو اپنا وسیلہ بنا لیتے ہیں اور یہ فلسفی حضرات ہیں۔

لیکن جو شخص یہ جانتا ہے کہ وہ اس بات سے عاجز ہے کہ اپنی کسی قوّت کے بل بوتے پر حقیقت تک پہنچ سکے، چنانچہ وہ اس مقصد کے لئے حق تعالیٰ کی جانب رجوع کرتا ہے۔ ایسے لوگ اہلِ دین میں سے ہیں۔ اور دین سے ہماری مراد محض اسلام ہے۔ اور اس کی وجہ ہم تھوڑی دیر قبل بیان کر چکے ہیں۔

چنانچہ فلسفی حقیقت کو اپنے نفس سے طلب کرتے ہیں، جبکہ اہلِ دین حقیقت کو حق سے طلب کرتے ہیں۔ چنانچہ فلسفے کی راہ منزل تک نہیں پہنچاتی جبکہ دین کی راہ منزل تک پہنچا دیتی ہے اگر مناسب استعداد ہو۔

اور اس بات کا بھی دھیان رہے کہ ہم اس راہ کو دین سے منسوب کر رہے ہیں جسے اطلاق کا درجہ حاصل ہے۔ لیکن دین اور چیز ہے اور مذہبیت (Religiousity) ایک دوسری چیز۔ چنانچہ ہمارے نزدیک وہ درجۂ اطلاق۔۔ جو اللہ کے اذن سے، حقیقت تک پہنچا دے۔۔ اور وہ درجۂ حجاب۔۔ جس میں انسان کا اپنا نفس ہی حق کے لئے حجاب بن جائے۔۔، دونوں میں فرق ہے۔ اور یہ بھی یاد رہے کہ فلسفیوں کے حجاب اور مذہبی لوگوں کے حجاب میں بھی فرق ہے۔ کیونکہ عام مذہبی آدمی کے پاس کنجی (یعنی اسلام) ہے جو فلسفی کے پاس نہیں۔

اور فلاسفہ اس بات کو جان نہیں پاتے کہ انہوں نے جس چیز کو حاصل کیا ہے وہ وہی ہے جس کو انہوں نے ترک کیا تھا۔ یعنی ان کا اپنا نفس، اگرچہ اس کی صورتیں مختلف ہو گئیں۔

چنانچہ جو شخص اس بات پر غور کرے کہ اس کی جدّوجہد کا حاصل کیا ہے؟، مآلِ سفر کیا ہے؟ تو وہ کافی بے فائدہ امور میں منہمک ہونے سے بچ جائے گا۔ چنانچہ ہم تمہیں جدھر لے جانا چاہتے ہیں، اسے سمجھو اور نظر انداز مت کرو۔

---۔ اگر بقول آپ کے، اس سفر کی منزل حق ہے، تو کیا وجہ ہے کہ آپ لوگ طالبِ حقیقت کو اپنے آپ سے وابستہ کرتے ہیں اور چاہتے ہیں کہ وہ اپنی نظر صرف آپ تک محدود رکھے۔ کیا یہ تناقض (Contradiction) نہیں ہے؟

---۔ جس مرتبۂ علم میں اس وقت تم ہو، اس میں یہ بات متناقض ہی معلوم ہوتی ہے۔ اور بیشمار لوگوں نے اپنے اپنے مقام کے مطابق، یہی بات کی ہے۔ اور یہ ایک قاعدہ ہے۔ لیکن تمہیں چاہئیے کہ اپنی آنکھوں پر لگی یہ پٹّی اتار دو تاکہ تم نفس کے وساوس سے بچ سکو۔

تمہیں جاننا چاہئیے کہ آئینۂ آدمیت کی کچھ اضافی خصوصیات اور تقاضے ہوتے ہیں۔ کیا تم سمجھتے ہو کہ ہر شخص کے لئے یہ ممکن ہے کہ تمہیں حقیقت دکھا سکے؟ اگر ایسا ہے تو تناقض تمہاری اپنی سوچ میں ہے۔ کیونکہ تم نے دو مختلف باتوں کو ان کا فرق دیکھے بغیر، ایک جیسا سمجھ لیا۔ تمہارے لئے یہ بہتر ہو گا کہ تم اس بات کو سچ جانو کہ آئینۂ آدمیت، عامۃ الناس کی آدمیت سے نکل کر، حق سے واصل ہو چکا ہوتا ہے۔ حق ہونے کی وجہ سے اس کے لئے یہ ممکن ہے کہ تمہیں حقیقت تک لے جائے، اس کے علاوہ اور کوئی وجہ نہیں۔ اور مجھے پتہ ہے کہ یہ ان مشکل ترین امور میں سے ہے جو تمہیں آغازِ کار میں لاحق ہو سکتے ہیں۔ اسی لئے میں نے تم سے تصدیق کا مطالبہ کیا ہے، علم کا نہیں۔

سیّدی، میں معذرت چاہتا ہوں، لیکن یہ کیسے ممکن ہے کہ ہم مخلوق کو دیکھیں اور اس میں یہ اعتقاد رکھیں کہ ہم حق کو دیکھ رہے ہیں۔ کیا ایسا کرنے سے سب امور باہم مختلط

نہیں ہو جائیں گے؟ اور ہم فکر و استدلال کے معیار سے دور جا پڑیں گے۔
۔۔۔ کس نے کہا ہے کہ ہم فکر و استدلال کے راستے پر سفر کر رہے ہیں؟ ہم نے تو واضح کر دیا تھا کہ ہمارا راستہ فلسفیوں والا راستہ نہیں ہے۔ یاد کرو۔
اور تم جس حق کی تنزیہہ کرنا چاہ رہے ہو، اس کا علم ہی نہیں رکھتے۔ تم کیسے کہہ سکتے ہو کہ وہ ایسا ہے اور ویسا نہیں ہے۔ یہ ممکن ہی نہیں۔ تم سنی سنائی باتوں کے حوالے سے یہ بات کر رہے ہو جبکہ ہم نے تمہیں شروع میں ہی کہہ دیا تھا کہ اس راہ میں قدم رکھتے وقت، پہلے سے موجود تمام نظریات و تصورات کی عمارتیں منہدم کر دینا پڑتی ہیں۔ کیا تم دیکھ نہیں رہے کہ تم بھول گئے۔

یا سیّدی، جس دین کو آپ نے طلبِ حقیقت کے لئے ضروری شرط اور کنجی قرار دیا تھا، وہ تو آپ کی اس بات کی تائید نہیں کرتا۔ یا پھر یہ کہ معاملہ ہی کچھ اور ہے۔
۔۔۔ بیٹا، تم پر لازم ہے کہ اس بات کو سمجھو کہ دین کیا ہے اور مختلف مقولاتِ دین (Religious Statements) کیا ہیں۔ کیونکہ جیسا کہ ہم نے پہلے اشارۃً کہا کہ معرفت کی دلالت کے لئے دین کا مرتبہ اطلاق کا مرتبہ ہے۔ لیکن دین سے منسوب اقوال تو ان کہنے والوں کے مراتب کو ظاہر کرتے ہیں۔ اور ان دونوں باتوں میں بہت بڑا فرق ہے۔

تو کیا آپ یہ کہہ رہے ہیں کہ مذہبی لوگوں کی سمجھ، دین کی اصطلاحات کی حقیقت تک نہیں پہنچ پائی؟
۔۔۔ ہاں، کیونکہ ایسا نہیں ہے کہ ہر مذہبی شخص دین کی حقیقت کو پہنچا ہوا ہو۔
کیا یہ بات ان کو دین سے خارج نہیں کر دیتی؟
۔۔۔ نہیں، کیونکہ جیسا کہ ہم نے پہلے بتایا کہ دین کے دو مراتب ہیں۔ دو مختلف

مید ان ہیں۔ ان کا تعلق اس دفوسرے مرتبے سے ہے۔ ہم نے جو بات تم سے کہی ہے، اس سے تجاوز مت کرو۔ کیونکہ ہم تم سے وہی بات کرتے ہیں جس کا سمجھنا تمہارے لئے ضروری ہو۔ اگر ایسا نہ ہو تو گویا ہمارا کلام لغو اور بے فائدہ ہے۔

ضروری ہے کہ تمہیں ہم یہ بتائیں کہ زیادہ تر مذہبی لوگ، فلسفیوں کے طرزِ عمل پر چلتے ہیں۔ تم دیکھو گے کہ وہ دین کے دائرے کے اندر رہ کر بھی فلسفیوں کی طرح فکر و استدلال کے زیرِ اثر رہتے ہیں۔ تم ایسے لوگوں کی ہر بات کو دین کی بات نہیں کہہ سکتے، اگرچہ شریعت رفعِ حرج کی خاطر ان لوگوں سے صرفِ نظر کرتی ہے۔

جہاں تک دین کی خالص معرفت کا تعلق ہے تو وہ کامل طور پر صرف انبیائے کرام کو حاصل ہوتی ہے جو صرف وحی کے تحت بات کرتے ہیں۔ اور انبیاء کے ربّانی وارثین کو بھی اس معرفت سے حصہ ملا، جب وہ ان اصولوں پر اچھی طرح کاربند ہو گئے جن سے اللہ کے دربار سے فیض حاصل ہوتا ہے۔

یا سیّدی، گویا آپ لوگ حقیقت کو دین سے ماوراء قرار دیتے ہیں، جس طرح وہ فلسفے سے ماوراء ہے۔

۔۔۔ دین سے نہیں بلکہ مذہبیّت سے۔ کیونکہ دین تو اُس کی طرف لے جانے والا راستہ ہے۔ اور ایک ضروری شرط(Qualification) ہے۔ جبکہ مذہبیّت سے ہماری مراد علمیّت کا وہ خلاصہ ہے جو ایک مذہبی آدمی حاصل کر پاتا ہے۔

مجھے تو یہ معاملہ عقل و فہم سے بالاتر لگ رہا ہے۔

۔۔۔ درست۔ کیونکہ حقیقت بہت سادہ ہے، جبکہ لوگ اسے پیچیدہ اور مشکل بنا دیتے ہیں۔ چنانچہ وہ اپنے لئے اس چیز کو خود ہی دشوار کر کے راستے کو لمبا کر دیتے ہیں۔ بلکہ ان میں ایسے لوگ بھی ہیں جن کو اس وقت تک چین نہیں آتا جب تک اس منزل

تک پہنچنا، محال نہ قرار دے دیں۔ یہ تنزیہہ کی وہ انتہائی شکل ہے جو سدِّ راہ بن جاتی ہے۔

اور ہر کام اور ہر مقام کے لئے کچھ مخصوص لوگ ہی اہل ہوتے ہیں۔

میں چاہتا ہوں کہ آپ اس قید خانے (دنیا) کے بارے میں بھی کچھ کہیں جسا تھوڑی دیر پہلے آپ نے ذکر فرمایا تھا۔ انسان کس طرح سے اس سے رہائی پا سکتا ہے جبکہ اس کی زیادہ تر چیزیں انسان کی ضروریات میں شمار ہوتی ہیں؟ کیا طلاب کو ان تمام امور سے بھی روک دیا جاتا ہے جن کا تعلق مثلاً بیوی بچّوں اور رزق کمانے سے ہے، تاکہ وہ لوازماتِ دنیا سے چھوٹ جائے؟ یا یہ کہ اس خلاصی کا کوئی اور طریقہ بھی ہے؟

---پہلی بات یہ کہ، لازم ہے کہ حق کے سوا ہر شئے کی غلامی سے نجات حاصل کی جائے، تاکہ اس راہ میں صحیح طور پر آگے بڑھ سکیں۔ اسی کو تجرّد کہتے ہیں۔ اور اس تجرّد کی حالت میں انسان اپنے نفس کو بھی ایسے دیکھتا ہے جیسے کسی اجنبی اور غیر کو دیکھا جاتا ہے۔ چنانچہ وہ نفس کے مطالبات سے تجرّد اختیار کرتا ہے۔ اور اس تجرّد کو 'قطعِ علائق' کے نام سے بھی پکارا جاتا ہے۔ تجرّد نفس کو فالتو امور سے پاک کر دیتا ہے حتّٰی کہ آخر میں انسان اپنے آپ سے بھی رہائی پالیتا ہے۔

اور دوسرے احوال کی طرح تجرّد بھی باطن سے اختیار کیا جاتا ہے چنانچہ بغیر باطنی تجرّد کے، ظاہری تجرّد کا کوئی اعتبار نہیں۔ لیکن بغیر کسی ظاہری علامت کے، ہر شخص یہ دعویٰ کر سکتا ہے کہ اسے باطنی تجرّد حاصل ہے۔ پس نتیجہ یہ نکلا کہ بیشک تجرّد کا اصل مقام باطن ہی ہے، لیکن اس تجرّد کے سچّا ہونے کی علامت یہی ہے کہ وہ انسان کے ظاہر پر بھی اثر انداز ہو، خواہ وقتی طور پر ہی سہی۔ چنانچہ اس سے یہ بات ظاہر ہو جاتی ہے کہ انسان کا نفس اپنے دعوائے تجرّد میں سچّا ہے یا نہیں۔ مثال کے طور پر اگر کوئی شخص زہد کا دعویٰ کرتا ہے اور اس کے پاس مال و دولت بھی ہے لیکن اس کو یہ زعم ہے کہ اس کا دل

زاہد ہے، تو ہم اس کے اس قول کا اس وقت تک اعتبار نہیں کریں گے جب تک کے اس مال کے کھو دینے پر اس کے ظاہری حال کا مشاہدہ نہ کرلیں۔ پس اگر وہ پریشانی کا اظہار کرتا ہے تو وہ زاہد نہیں ہے، ان جیسے معاملات میں یہ ایک بنیادی اصول ہے۔

تجرّد اختیار کرنا کوئی معمولی بات نہیں ہے، یہی وجہ ہے کہ طالبانِ حقیقت بہت کم تعداد میں پائے جاتے ہیں۔ اللہ جسے اس راہ کا سفر نصیب فرماتا ہے، اسے مناسب اہلیت سے بھی نوازتا ہے۔ پس ہر شئے منجانب اللہ ہے۔

کیا آپ یہ کہنا چاہتے ہیں کہ سلوک کی شرائط بھی منجانب اللہ ہیں؟

---ہاں، یہ ایک بنیادی بات ہے۔ اور جو شخص یہ سمجھتا ہے کہ وہ محض اپنے نفس کی بدولت ان شرائط پر پورا اتر سکتا ہے، وہ وہم میں مبتلا ہے۔

اگر ایسی بات ہے تو پھر کسی شخص کو کسی دوسرے شخص پر کوئی فضیلت حاصل نہیں ہے، کیونکہ سب کچھ منجانب اللہ ہے۔ کسی کا اہل یا نااہل ہونا، سب اللہ کی طرف سے ہے۔

--- فضل تو صرف اللہ کے لئے ہے، لیکن لوگ علم میں باہم متفاوت (Different) ہوتے ہیں۔ چنانچہ جو شخص یہ جانتا ہے کہ اس کو ملنے والی ہر نعمت اللہ کی طرف سے ہے، وہ اس شخص کے برابر نہیں ہو سکتا جو نعمتوں کو اپنی کوشش و تدبیر کا نتیجہ سمجھتا ہو۔ اور یہاں محض اعتقاد کام نہیں آتا، بلکہ یقینِ کامل کی ضرورت ہے خواہ یہ یقین کسی مشاہدے کے بغیر ہی کیوں نہ ہو۔

پھر میں یہ کیسے جان پاؤں گا کہ میں کن لوگوں میں شامل ہوں؟، اہل یا نااہل؟

--- تمہیں یہ علم میرے ذریعے حاصل ہو گا۔ اور یہی میرے آئینہ ہونے کا مطلب ہے۔ تم اللہ کی شریعت کے مطابق عمل کروگے اور میں تمہیں درست اور غلط کا بتا کر تمہاری باطنی صورت کو بتدریج تمہارے علم میں واضح کرتا رہوں گا۔ پس اگر تم غلطی

پر ہوئے تو میں اس کا علاج بتاؤں گا، جس سے تم اس آفت سے نکل آؤ۔ اور ایسا ہر اس کام میں ہو گا جس کا تعلق رب کے ساتھ تمہارے معاملات اور تمہارے باطنی احوال سے ہو گا۔

اگر چہ میں ابھی تک اس بات کا پوری طرح سے ادراک کرنے سے قاصر ہوں، لیکن واللہ، یہ کام بہت اہم، دشوار اور پر خطر لگ رہا ہے۔

---۔ اصل میں یہ انبیاء والا کام ہے۔ کیا تم یہ سمجھتے ہو کہ انبیاء والے کام ہر کسی کے بس کی بات ہوتے ہیں؟ اور لوگ جو انبیاء کے وارثین کے لئے اس کام کے منکر ہیں، وہ اس کام کی نوعیت، نبوت کی حقیقت اور ان سب باتوں کی غرض و غایت سے ناآشنائے محض اور بے خبر ہوتے ہیں۔

مجھے تو گویا اس بات پر پختہ یقین ہے کہ لوگوں کی اکثریت، اس کام کی اہمیت ہی کا شعور نہیں رکھتی۔

---۔ درست ہے، کیونکہ اہمیت کا شعور بھی طلبِ حقیقت کی اوّلین شرائط میں سے ایک شرط ہے۔

یا سیّدی، مجھے میری صورت دکھا دیجئے تاکہ میں اپنے معاملے کی حقیقت جان سکوں

تم پھر بھول گئے اس بات کو کہ ہمارا طریق راہِ فکر او استدلال سے الگ، ایک جداگانہ طریق ہے۔ میں نے جو کچھ بھی اب تک کہا ہے وہ تمہیں تمہارے مقصد کے قریب کرنے کے لئے بیان کیا ہے تاکہ یہ تمہارے لیئے محرّک (Motivator) بنے اور تم اس کام میں لگ سکو۔ اگر تم اپنی صورت سے آگاہ ہونا چاہتے ہو تو تمہیں عملی تجربے سے گذرنا ہو گا۔ اور اس عملی تجربے کو ہم ذوق کا نام دیتے ہیں۔ یعنی چکھ لینا۔ اور ذوق اور تجربے

میں فرق یہ ہے کہ تجربہ عمومی (General) ہوتا ہے، یہ آپ کے اپنے نفس کے ساتھ بھی ہو سکتا ہے اور دوسروں کے ساتھ بھی۔ جبکہ ذوق صرف اس چیز کا نام ہے جو آپ کے اپنے ساتھ بیتی ہو۔ مثلاً لیبارٹری میں ہم کسی چیز پر مختلف مادّوں اور احوال کے اثرات کا مشاہدہ کرتے ہیں، یہ تجربہ ہے لیکن ذوق نہیں۔

جان لو کہ تمام شعبوں میں محض علم (Theoretical Knowledge) سے کسی قدر کام چل جاتا ہے لیکن ہمارے اس طریق میں ایسا نہیں ہوتا۔ اور کافی لوگ اس غلط فہمی میں مبتلا ہو کر، فلاسفہ کی طرح حقیقت کو محض نظر و استدلال سے پالینا چاہتے ہیں، خواہ وہ اہلِ دین میں سے ہی ہوں۔ میری مراد متکلمین (Muslim Theologists) سے ہے۔ لیکن اس سے سوائے دوری کے، اور کچھ حاصل نہیں ہوتا۔

اور جان لو کہ لوگوں کے اقوال، اگرچہ بعض جہتوں (Points of view) سے حق ہوتے ہیں، لیکن بعض دوسری جہتوں سے حق سے بعید بھی ہوتے ہیں۔ اس لئے ہم انہیں (یعنی متکلمین کو) حقیقت تک پہنچا ہوا نہیں سمجھتے۔ کیونکہ کوئی بھی جہت حق سے خالی نہیں، لیکن ہم واصلِ حق اسے سمجھتے ہیں جو باقی تمام جہتوں میں بھی حق سے واقف ہو۔ پس ہمارے کلام کو سمجھو۔

یا سیّدی، بات کچھ مشکل سی لگ رہی ہے، کیا ہی اچھا ہو اگر آپ کچھ مزید وضاحت فرمادیں۔

۔۔۔ ہم یہ کہنا چاہتے ہیں کہ سب لوگ، حقیقت کی کسی نہ کسی جہت (Dimension) سے واقف ہوتے ہیں، لیکن اس کی باقی جہتوں سے ناواقف رہتے ہیں۔ اور ان تمام جہتوں کے نہ جاننے کی وجہ سے ہم ان کو جہل سے منسوب کرتے ہیں۔ اور ایسا باہم متقابل (Opposites or complimentary) امور میں واضح طور پر

نظر آتا ہے۔ مثلاً تم مشبّہ (تشبیہ پر یقین رکھنے والا) کو دیکھتے ہو کہ وہ تنزیہہ کو قبول نہیں کرتا اور تنزیہہ پر یقین رکھنے والی تشبیہ کو نہیں مانتا، جبر کا قائل، اختیار کو نہیں مانتا اور قدر کا قائل جبر کو تسلیم نہیں کرتا۔ علیٰ ھٰذا القیاس۔ ہم اس کی زیادہ تفصیل میں نہیں جا رہے اور تمہیں صرف ایک قاعدہ (Rule) بتا رہے ہیں، ورنہ اگر تم لوگوں کے اقوال دیکھو تو تم ہماری بات کی حقّانیت کو سمجھ لوگے کہ ان کے ساتھ ایسا ہی معاملہ چل رہا ہے۔ لیکن ہمارے نزدیک عالم وہ ہے جو تمام وجوہ (Points of view) کو جمع کرے، ان کو سمجھتا ہو چاہے وہ باہم مخالف و متقابل ہی کیوں نہ ہوں، اور ان تمام وجوہ میں حق کو دیکھ لے۔

شائد اب تم اس بات کو جان گئے ہوگے کہ فکر و نظر اس معرفت کے لئے کافی نہیں ہیں۔ چنانچہ ذوق کا ہی راستہ بچتا ہے جو اس حقیقت کا دروازہ کھول سکتا ہے۔ اور اللہ ہی توفیق دینے والا ہے۔

کیا آپ کے اندر اپنی صورت، محض دیکھنے سے ہی۔۔ جیسا کہ آپ نے فرمایا۔۔ میں حقیقت کو جان لوں گا؟

۔۔۔ نہیں، ہمارا مقصد یہ نہیں ہے کہ تم اپنے آپ کو دیکھو، بلکہ ہمارا مقصد یہ ہے کہ تمہارا نفس اپنی اصل صفات کو پہچان لے۔ یہ اس لئے کیونکہ لوگ اپنے آپ کو بعض مخصوص صفات سے موصوف سمجھتے ہوتے ہیں، حالانکہ ان میں اس کے برعکس صفات پائی جاتی ہیں۔ چنانچہ آدمی اپنے آپ کو عالم سمجھ رہا ہوتا ہے جبکہ حقیقت میں وہ جاہلین میں سے ہوتا ہے۔ اور کبھی وہ اپنے آپ کو موحّد سمجھ رہا ہوتا ہے جبکہ اس کا شمار مشرکین میں ہوتا ہے۔ کبھی وہ اپنے آپ کو امین اور دیانت دار سمجھتا ہے جبکہ حقیقت میں وہ خائن ہوتا ہے۔ اسی طرح باقی صفات میں بھی ہوتا ہے۔ چنانچہ لوگ اس ڈر سے کہ کہیں ان کی حقیقتِ حال سے دوسرے لوگ واقف نہ ہو جائیں، اکثر اوقات ان کاموں میں خود کو

مشغول رکھتے ہیں، جن کا ان سے کوئی تعلق نہیں ہوتا۔ حتّیٰ کہ وہ اپنے نفوس کی ان وہمی اور فرضی صفات سے راضی ہو جاتے ہیں اور اسی یقین میں زندگی گذرتی رہتی ہے کہ سب اچھا ہے۔

اور آئینۂ آدمیت کا ابتدائی کام ہی یہ ہے کہ وہ انسان کے سامنے اس کے نفس کو بالکل عریاں و بے پردہ کر کے رکھ دے۔ چنانچہ آدمی پر اس کی موجودہ حالت کے بارے میں جو کچھ بھی ظاہر ہوتا ہے، وہ اس سے بیحد شرمسار ہوتا ہے اور اس سے نجات اور اس کے خاتمے کی شدید خواہش جنم لیتی ہے۔ حتّیٰ کہ وہ پردۂ زمین پر خود سے زیادہ کمتر اور حقیر، کسی اور کو نہیں سمجھتا۔ اور یہ بات اسے اس کی طلب میں نفع دے جاتی ہے، اگر اس کی قسمت میں اللہ نے وصل رکھا ہے۔ اور یہ جو کچھ ہم نے بتایا ہے، یہ محض ابتداء ہے۔ اور جو شخص معرفتِ نفس کے کڑوے گھونٹ کی برداشت نہیں رکھتا، وہ آگے بڑھنے کا اہل نہیں۔ اور تجربے نے ہمیں یہ بتایا ہے کہ زیادہ تر لوگ اس بات سے بھاگتے ہیں۔ اور جو شخص ان کی مداہنت اور جھوٹی تعریفیں کرتا ہے اور ان کے نفوس کے ساتھ راضی رہتا ہے، اس کی طرف رجوع کرنا پسند کرتے ہیں۔ حتّیٰ کہ طلبِ حقیقت اور کسی سلسلۂ تربیت سے منسلک ہونے میں بھی، اکثر، یہی رویّہ روا رکھا جاتا ہے۔

دیکھ لو کہ یہ کام کس قدر عزّت کا حامل ہے کہ جو لوگ طلبِ حقیقت کا دعویٰ رکھتے ہیں، وہ بھی یہ بات شاذو نادر ہی پائی جاتی ہے، نا اہل کی کیا بات کریں۔

اور یہ معرفتِ نفس کی پہلی سطح (Level) ہے۔

اور دوسری سطح، تحقّق (Realization) کی سطح ہے۔ اور یہ تحقّق اس وقت تک نہیں ہوتا جب تک تم ہمارا آئینہ نہ بن جاؤ۔ یعنی معاملہ الٹ ہو جاتا ہے۔

یہ بات تو میرے وہم و گمان میں بھی نہیں تھی، یعنی کہ میں، آپ کا آئینہ کیسے بن

سکتا ہوں یا سیّدی؟

---ہم یہ کہنا چاہتے ہیں کہ تم میں ہماری صورت نظر آنے لگتی ہے۔ اور یہ دو باتوں کے بغیر نہیں ہو سکتا:

پہلی یہ کہ، تمہارے نفس کی وہ وہمی صورت جو تمہارے ذہن میں تھی، محو ہو جاتی ہے۔ اور یہ اس طرزِ عمل کے نتیجے میں ہوتا ہے جس کا ہم پہلے ذکر کر چکے ہیں۔

اور دوسری یہ کہ، تمہارا ہمارے ساتھ تعلق اور رشتہ اس درجے کو پہنچ جاتا ہے کہ وہ ہماری صورت کو اپنی طرف کھینچ لیتا ہے۔ چنانچہ ہم، تم میں نظر آنے لگتے ہیں۔

یہ تعلق کس طرح ہوتا ہے سیّدی؟ اور کیسے آپ کی صورت ہم میں ظاہر ہوتی ہے؟۔ بڑی عجیب سی بات ہے۔

---جہاں تک تعلق کی بات ہے، تو یہ محبّت ہے۔ اور جان لو کہ معرفتِ حقیقت کے سلسلے میں جو بھی اقدامات کئے جاتے ہیں، ان کی بنیاد محبّت ہی ہے۔ جب محبت درست ہو جاتی ہے تو ہمیں تمہاری طرف کھینچ لیتی ہے۔ حتّٰی کہ ہم، تم ہو جاتے ہیں۔ اور یہ بات محض ذوق سے ہی سمجھی جا سکتی ہے۔ عقلیں اس کو نہیں پا سکتیں۔ بلکہ عقلیں تو اس کا انکار کرتی ہیں، ردّ کرتی ہیں۔

میں یہ کیسے جان سکوں گا کہ آپ کی صورت، مجھ میں سما گئی ہے؟

---جب تم اپنی باطنی صورت کو پہلے والی حالت سے بدلا ہوا پاؤ گے، تب تمہیں اس کا احساس ہو گا۔ ہماری صفات، تمہاری ہو جائیں گی۔ اور تمہیں بغیر کسی شک کے، اس کا یقینی علم حاصل ہو گا۔ حالانکہ تمہاری ظاہری صورت، ہماری صورت سے علیحدہ ہو گی۔

اگر یہ سب امور خود ہماری ذات پر نہ گذرے ہوتے اور انہیں چکھ کر، ہمیں ان کا درست علم حاصل نہ ہوا ہوتا، تو شائد ہمارے لئے بھی ان باتوں کا تصوّر کرنا مشکل ہوتا۔

کیونکہ تقلید کی ماری عقلوں سے بعید نہیں کہ ان باتوں کو جنون اور پاگل پن سے تعبیر کریں۔

سیّدی، میں پھر پہلے والی والی بات کہوں گا کہ میں آپ کی ان باتوں کو ابھی تک پوری طرح سمجھ نہیں سکا۔ اگر مجھے آپ کے ساتھ حسنِ ظن نہ ہوتا، اور اس راہ کے حوالے سے، اپنے جہل کا یقین نہ ہوتا، تو شائد میں اس گفتگو کو جاری نہ رکھ پاتا۔

---اگر تمہارے لئے یہ گفتگو اتنی دشوار ثابت ہو رہی ہے تو خود ہی سوچ لو کہ مشاہدے اور تحقّق کے وقت تمہاری کیا حالت ہو گی۔ میرے بچّے، یہ سب باتیں پکار پکار کر کہہ رہی ہیں کہ ہم جس چیز کی طلب میں ہیں، وہ عزیز سے بھی عزیز تر ہے۔

کیا اس سطح سے اوپر بھی کوئی ایسی سطح ہے جہاں سے حقیقت کا علم وادراک حاصل ہو سکے؟

---ہاں اور وہ یہ کہ تم ایک کُلّی آئینہ بن جاؤ، جس میں وجود کے تمام حقائق جمع ہوں۔ کیونکہ ہم آئینۂ آدم میں صورت کے ظہور کی بات کر رہے تھے، اور آئینۂ آدم، آئینۂ اصل کے مقابلے میں ایک جزئی (Partial) آئینہ ہے۔ اور ان میں فرق یہ ہے کہ جزوی آئینے ایک وقت میں کئی ہو سکتے ہیں، یا مختلف زمانوں میں مختلف ہو سکتے ہیں، لیکن آئینۂ اصل ایک ہی ہے۔ اس میں تعدد (Repetition) نہیں ہے۔ اور وہ حقیقت کا سب سے اوّلین مظہر (حقیقتِ محمّدیہ) ہے۔ یہ وہ آئینہ ہے کہ اس سے پہلے کوئی اور آئینہ نہیں۔

رخِ مصطفیٰ ہے وہ آئینہ، کہ اب ایسا دوسرا آئینہ
نہ ہماری بزمِ خیال میں، نہ دکانِ آئینہ ساز میں

پس، جب تم میں آئینۂ اصل کی صورت ظاہر ہو گی، تو تم بھی میری طرح اس کا

ایک آئینہ بن جاؤ گے۔، یعنی دوسرے درجے کا آئینہ۔ ہم تم سے یہ اس لئے کہہ رہے ہیں کہ جب تم حقائق کا مشاہدہ کرو، تو انہیں باہم گڈ مڈ کرنے سے بچ جاؤ اور یہ نہ کہہ بیٹھو کہ "یہ میں ہوں"۔ کیونکہ کچھ لوگوں نے ایسا کیا ہے اور وہ صحیح علم (Authentic Knowledge) کے مقام سے نیچے چلے گئے، گرچہ ان کا مشاہدہ درست تھا۔ اور جب تمہیں یہ معلوم ہو گیا کہ آئینۂ اصل میں تعدّد نہیں ہے، تو اب تم اپنے مقام و مرتبے کو ذہن میں رکھّو اور اپنی اصلیّت کو مت بھولو، اگرچہ صورت تمہارے نفس میں متحقّق ہو چکی ہو۔

سیّدی یہ جو آپ نے کہا باوجودیکہ مشکل بات ہے، لیکن اس سے یہ بات سمجھ میں آتی ہے کہ آئینۂ حقیقت میں، میں جو صورت دیکھ سکوں گا، وہ حقیقت کی ایک صورت ہی ہو گی، حقیقت فی نفسہ (In itself) نہیں ہو گی۔ کیا یہ بات درست ہے یا میں غلط سمجھا ہوں؟

---جو تم سمجھے ہو وہ درست ہے، کیونکہ حقیقت کا بہترین ادراک آئینۂ اصل میں ہی ہو سکتا ہے، لیکن جہاں تک حقیقت کی کنہ ذات (Essence) کا تعلق ہے، تو اس کا ادراک محال ہے۔ اسی طرح سے اس سے انفصال (Separation) بھی محال ہے۔

یا سیّدی، کیا یہ الفاظ کا گورکھ دھندہ نہیں ہے؟ یعنی کیا یہ درست ہے کہ تحقّق (Realization) کے بعد اس کا بیان، ممکن نہیں رہتا؟ یا یہ کہ یہ اس کا بالکل درست علم (Authentic knowledge) ہمارے مقامِ وصل سے بالاتر ہے؟

---یہ بات ٹھیک ہے کہ رویئت (Vision) کی وضاحت سے عاجز رہنا ایک امر ہے، اور کسی نتیجہ خیز بات کو بیان کرنے میں ناکام ہو کر عجیب و غریب تعبیرات اور مبہم الفاظ کے پردے میں بات کرنا ایک دوسرا امر ہے۔ الحمدللہ ہم اس صنف

(Category) میں نہیں آتے۔ ہم نے جو بیان کیا ہے، وہ علمِ صحیح کی بنیاد پر ہے۔ اور تمثّل کے میدان میں درست مشاہدے (Clarity of vision) کا نتیجہ ہے۔ لیکن ہم اس سے بہتر وضاحت کرنے کی استطاعت نہیں رکھتے۔ اور ایسا اس مقام کی رفعت و سربلندی کی وجہ سے ہے۔ اور یہ وجہ بھی ہے کہ یہ علوم مروّجہ عام (Normal) طریقوں سے حاصل نہیں ہوتے، کیونکہ حقیقتِ حال تمہیں اپنے باطن کے آئینے کے ذریعے حاصل ہو گی اور وہ آئینہ میں ہوں۔ اور جب تمہیں یہ مطلب حاصل ہو جائے گا تو تمہیں ان سب باتوں کی پوری طرح سمجھ آ جائے گی، خواہ اُس وقت ہم ان باتوں کو مختلف عبارات سے بیان کریں یا خاموش رہیں۔

سیّدی، معذرت کے ساتھ دو ضمنی سوالات پوچھنا چاہتا ہوں۔ کیا وجہ ہے کہ آپ کبھی اپنے آپ کو "میں" کہہ کر پکارتے ہیں اور کبھی "ہم"؟ اگر یہ اپنے نفس کی تعظیم کے لئے ہے تو پھر ہمیشہ "ہم" کہیں۔ اور دوسرا سوال یہ ہے کہ یہ جو کچھ آپ نے فرمایا ہے کیا یہ وہی ہے جسے 'فلسفیانہ تصوّف' کہا جاتا ہے؟

۔۔۔ جہاں تک "میں" اور "ہم" کی بات ہے، تو یہ کلام کرنے والے کی حقیقت کے اعتبار سے ہے۔ کیونکہ کبھی یہ کلام صرف آئینے یا اس کی صورت کی طرف سے ہوتا ہے، اس وقت صیغۂ مفرد یعنی "میں" کا استعمال کیا جاتا ہے، اور جب آئینہ و صورت، دونوں کی جانب سے بات ہو رہی ہو، تو صیغۂ جمع "ہم" کا استعمال کیا جاتا ہے۔ یہ سب تو ہیں، لیکن مظہر ایک ہی ہے۔ یا اگر تم چاہو تو یہ کہہ لو کہ سرچشمہ ایک ہی ہے۔ اور یہ بات اس چُھپے ہوئے علم سے ہے جس پر سوائے مقرّبین کے، اور کوئی مطلع نہیں ہوتا۔

اور جہاں تک دوسرے سوال کا تعلق ہے، تو اس بارے میں قول یہ ہے کہ تصوّف ایک راستہ ہے، اور فلسفہ ایک دوسرا راستہ ہے۔ اور یہ دونوں راستے متوازی ہیں۔ یہ کیسے

ہو سکتا ہے کہ ایک بات ایک راستے سے منسوب ہو، اور وہی بات دوسرے راستے سے منسوب کر دی جائے۔ ایسی بات نہیں ہے۔

یہ کہنا کہ کون سی بات فلسفہ ہے اور کون سی بات تصوف، اس کا دارومدار اُس بات پر نہیں، بلکہ اس بات کو سننے والے پر ہے۔ چنانچہ اگر کوئی شخص یہی باتیں جو ہم نے کی ہیں، بیان کرے اور سننے والا ایسا شخص ہو جو طریقِ تصوف سے وابستہ ہے، تو جن باتوں کو اس کی عقل قبول کرے گی، ان کو تو وہ سنّی تصّوف قرار دے گا، اور جو باتیں اس کے ادراک میں نہ آسکیں گی، ان کو فلسفیانہ تصوّف کہے گا۔ پس اس میں معیار دیکھنے والے کی ذات ہے، وہ شئے نہیں جس کو دیکھا جارہا ہے۔ اور ایسا اکثر ان لوگوں کے ساتھ ہوتا ہے جو خود کو اہلِ فکر و نظر میں سے سمجھتے ہیں۔ لیکن حقائق میں باہم تمیز نہیں کرپاتے۔

اور جہاں تک ہماری بات ہے تو ہم یہ کہیں گے کہ تصوّف کے جو مروّجہ معنی ہیں، یہ وہ نہیں ہے، اور نہ ہی یہ فلسفہ ہے۔ بلکہ یہ علمی حقائق ہیں جن کا تعلق حق سے ہے۔ اور اپنی اپنی ذات میں اطلاق کا درجہ رکھتے ہیں۔ پس انہیں شرقی یا غربی نہیں کہا جاسکتا، بلکہ یہ ذاتی ہیں۔ اور جو لوگ خود کو اہلِ فکر و نظر میں سے سمجھتے ہیں، ان کی عقلیں ان معانی کے قریب پہنچنے سے قاصر ہوتی ہیں، چنانچہ وہ بے احتیاطی سے انہیں کسی نہ کسی چیز سے منسوب کر دیتے ہیں۔ اور اگر وہ تواضع سے کام لیتے اور ان باتوں کے نہ سمجھنے کا اعتراف کرلیتے تو ان کا شمار ادب کرنے والوں والوں میں کیا جاتا۔

سیّدی، یہ جو آپ نے آئینوں کی مختلف اصناف (Categories) اور درجوں کا ذکر کیا، تو کیا ہم اس سے یہ سمجھ لیں کے پورے کا پورا وجود ایک آئینہ ہے؟

---خوب سمجھے، ہاں ایسا ہی ہے۔ سارا وجود ایک آئینہ ہے۔ لیکن اس کے مراتب میں فرق ہے۔ چنانچہ کوئی مرتبہ کلّی اصلی ہے، تو کوئی کلّی ثانوی ہے۔ کوئی جزئی ہے تو کوئی

جزئی کا جزو ہے۔ ان تمام آئینوں کو ائمّہِ طریق کی اصطلاح میں مراتب الوجود کہتے ہیں اور ان مراتب کی یہ تفصیل، انواع (Types and categories) سے اشخاص (Individuals) تک جاتی ہے۔ بلکہ اشخاص کے اجزاء اور ان اجزاء کے بھی اجزاء آئینوں کی حیثّیت رکھتے ہیں۔

اگر یہ سب آئینے ہی ہیں، تو وہ کیا ہے جو ان میں نظر آتا ہے؟

---۔ ہر آئینے میں اس سے اوپر والے مرتبے کے آئینے کی صورت دکھائی دیتی ہے۔ اور آئینے کی ہر صورت میں حق کا چہرہ دکھائی دیتا ہے، اگرچہ ہر چہرہ دوسرے چہرے کے سامنے ہے۔ چونکہ ہر آئینہ دوسرے سے مختلف ہے، اسی لئے اللہ تعالیٰ نے خبر دی کہ تم جدھر بھی دیکھو گے، ادھر اللہ کا چہرہ ہے (فاینما تولّوا فثمّ وجہ اللہ)۔ لیکن عامۃ المؤمنین پر یہ بات پوری طرح واضح نہیں ہے۔

چنانچہ جس نے ہر آئینے میں اللہ کا چہرہ دیکھا، اس کے لئے یہ کہنا درست ہو گا کہ 'وجود میں اللہ کے سوا کچھ نہیں ہے'۔ اور جو اس بات کو نہیں مانتا، اس کا یہ انکار اس بات کی دلیل ہے کہ اسے وہ چہرہ دکھائی نہیں دیا۔ اس نے فقط آئینے کو اور اس کی صورت کو (یعنی شکل، رنگت، صفائی یا دھندلا پن) ہی دیکھا۔ چنانچہ ہر فریق اس چیز کی خبر دیتا ہے جو اس نے دیکھی۔ یہ سب، آئینہ و صورت، یہ سب ایک ہی شئے ہے۔ اس میں فرق صرف عقلی اعتبار سے ہے، وجودی اعتبار سے نہیں۔ دیکھ لو کیسا عجیب معاملہ ہے۔

سیّدی، میں تو یہ کہوں گا کہ لوگوں کو سب سے زیادہ اسی علم کی ضرورت ہے۔ اس سے ہر فرقے کی مخالفت اور اختلاف رفع ہو سکتا ہے۔

---۔ ٹھیک ہے جو تم نے کہا، لیکن اللہ ہی نے نہ چاہا کہ یہ اختلاف ختم ہو، کیونکہ اس اختلاف کی بھی حقائق کے اندر ایک اصل موجود ہے۔ لیکن اللہ نے اپنے خاص بندوں

کے لئے دائرۂ وجود کے مرکز تک پہنچنا مباح قرار دیا۔ چنانچہ انہوں نے اس مرکز سے اس کے محیط (Circumference) کی طرف نظر ڈالی، اور ہر شئے کی نسبت، اس کے مقام اور اس کی حکمت کا علم حاصل کیا۔

اور ہم یہ بھی کہتے ہیں کہ جو بات ہم نے بیان کی ہے، فلسفی لوگ بھی اس کی طلب رکھتے ہیں۔ لیکن اس تک پہنچنے میں ناکام رہتے ہیں۔ اور اسی طرح زیادہ تر مذہبی لوگ بھی یہی قصد رکھتے ہیں، لیکن اس تک پہنچ نہیں پاتے۔

تو کیا یہ راستہ ان دونوں فریقوں کے لئے بند ہے؟

۔۔۔ عمومی طور پر (Generally) تو یہ بند ہی ہے، لیکن متعیّن طور پر (Specifically)، اللہ جسے چاہے، مناسب استعداد عطا کرتا ہے جس سے وہ ہمارے طریق میں داخل ہو جاتا ہے۔

ان دونوں فریقوں (یعنی فلسفی اور مذہبی لوگوں) میں استعداد کی وہ کون سی امتیازی علامت ہے جس کے پائے جانے سے وہ ہمارے طریق میں داخل ہو سکتے ہیں؟

۔۔۔ وہ علامت ہے تواضع۔ یعنی ان کا نفس ہمارے سامنے تواضع اختیار کرے۔ خواہ وہ علم میں اپنے اپنے شعبے میں سب سے بڑھ کر ہوں، اور خواہ ہم ان کی نگاہ میں علمی اعتبار سے غیر معروف اور کمتر ہی کیوں نہ ہوں۔ اس کے باوجود اگر وہ تواضع اختیار کریں تو یہ ایک علامت ہے کہ ان میں اس راہ پر آنے کی قابلیت ہے۔

یا سیّدی، یہ تواضع، علمی اور عملی طور پر مشکل ترین کاموں میں سے ایک ہے۔

۔۔۔ تم نے سچ کہا، لیکن معاملہ ایسا ہی ہے۔ اور ہمارے ذمّے تو ابلاغ ہی ہے۔ ہمیں شرائط کو باقی رکھنے یا ان کو ختم کر دینے کا کوئی اختیار نہیں ہے۔ پس جو ہم نے بتایا اسے سمجھو، کیونکہ ان کو صحیح طور پر سمجھنے سے تم کافی بے فائدہ مشقّت سے بچ سکو گے۔

بیٹا، اس ساری تفصیل کے بعد اب یہی بات باقی رہ گئی ہے کہ تم اس ذوقی اور تجرباتی مرحلے میں داخل ہو جاؤ جن میں ان سب باتوں کی تطبیق (Implementation) حاصل ہو۔ ورنہ منہ موڑ کر واپس چلے جاؤ۔ اور ہو سکتا ہے کہ ہم اس مرحلے میں تمہاری مدد کریں تاکہ تم ہمارے اقوال و افعال اور احوال پر اعتراض کرنے سے بچ سکو۔

اور جلد ہی ہم گفتگو کے ایک اعلیٰ مرحلے (Phase) میں داخل ہونگے، پس اگر راستے کے مراحل طے کرنے کے بعد تم اس قابل ہوئے تو تم ہمیں وہاں پاؤ گے، اور اگر نہ ہوئے تو ہمارے کلام کے مخاطبین دوسرے لوگ ہونگے۔ کیونکہ ہم امانتوں کو ان کے اہل لوگوں تک پہنچانے پر مامور ہیں۔

یا سیّدی، آپ تو آگے بڑھ جائیں گے لیکن میں یہ نہیں جانتا کہ اس مرحلے تک پہنچ پاؤں گا یا نہیں۔ میری خواہش ہے کہ مجھ پر کچھ دیر اور مہربانی فرمائیں، تاکہ جو خیر آپ کے ذریعے حاصل کی ہے، اس میں مزید اضافہ ہو سکے۔

---جیسا تم چاہو۔

سیّدی، یہ سوالات جو ذہن میں پیدا ہوتے ہیں، کیا یہ تحقّق (Realization) کے لئے مقدّمات (Preludes) اور تمہید کی حیثیّت رکھتے ہیں، جیسا کہ فلسفے کی راہ میں ہوتا ہے، یا یہ کہ آپ کا طریق کوئی جداگانہ خصوصیت رکھتا ہے؟

---ہمارے طریق میں بنیادی بات یہ ہے کہ فتح کا تعلق مقدّمات سے نہیں ہے۔ بلکہ یہ محض فضل اور کرم سے ہوتی ہے۔ لیکن ایسا ہوتا ہے کہ انسان کے ذہن میں سوالات جنم لیں اور حق کی جانب سے ان کے جوابات ظاہر ہوں۔ ایسی صورت میں یہ سوالات حق تعالیٰ کی جانب سے ایک بیداری اور ایک تحریک کی حیثیّت رکھتے ہیں، تاکہ انسان کسی خاص بات کی طرف متوجّہ ہو جائے۔

آپ نے تھوڑی دیر قبل جو باتیں کی تھیں، ان سے حلول اور اتحاد کی بُو آتی ہے۔ کیا آپ کی مراد یہی تھی؟ اور اگر نہیں تو ہم کس بناء پر آپ کے اقوال کو قائلینِ حلول و اتحاد کی باتوں سے مختلف سمجھیں؟

---۔ بیٹا، لوگ عام طور پر وہی باتیں کرتے ہیں جن کو اچھا نہیں سمجھتے۔ حلول اور اتحاد دو باتیں ہیں لیکن ہماری کسی بات سے حلول اور اتحاد لازم نہیں آتا۔ پہلی بات تو یہ ہے کہ حلول اور اتحاد ائمّہِ طریق کی وضع کی ہوئی اصطلاحات نہیں ہیں، اور دوسری بات یہ کہ یہ سوچ کی خامی کا نتیجہ ہیں جب وہ حقیقت کے ادراک میں ناکام ہو جائے۔

ہمارے نزدیک وجود صرف حق ہی کے لئے ہے۔ اور اسی بات پر قائم رہتے ہوئے ہم یہ علم رکھتے ہیں کہ وجود کو جب عقل کی نظر سے دیکھا جائے تو اس میں تمام خلق بھی شامل ہو جاتی ہے۔ اور اسی وجہ سے اہلِ فکر و نظر کو حیرت لاحق ہوتی ہے اور وہ یہ پوچھنے لگتے ہیں کہ "اگر وجود صرف حق تعالیٰ ہی کے لئے ہے، تو ہمیں خلق کا وجود کیوں نظر آتا ہے؟ کیا یہ وہی وجود ہے؟ اگر ایسا ہے تو حق اور خلق ایک جیسے ہو گئے، اور یہ صریحی طور پر الہامی مذاہب اور شریعت کی تعلیمات کے خلاف ہے۔ پھر جو چیز شریعت کے خلاف ہے، وہ علمِ صحیح (Authentic knowledge) کیسے ہو سکتی ہے؟ اور اگر وجود دو قسم کے ہیں، ایک حق کے لئے اور ایک خلق کے لئے، تو یہ ناممکن ہے کہ یہ دونوں ایک وقت میں ایک جگہ پر اکٹھے پائے جائیں"

چنانچہ جب یہ لوگ اہلِ حق سے اس قسم کی بات سنتے ہیں کہ حق کی تجلی خلق کے مظہر میں ہوئی، تو ان کی عقلیں اس بات کو حلول اور اتحاد پر محمول کرتی ہیں۔ کیونکہ ان کے نزدیک اس بات کا یہی مطلب نکل سکتا ہے کہ حق کا وجود، خلق کے وجود میں سما گیا یعنی حلول کر گیا، یا یہ کہ حق کا وجود خلق کے وجود کے ساتھ مل گیا اور متحد ہو گیا۔ یہ حلول

اور اتحاد کی باتیں محض ان کی فرضی باتیں ہی ہیں، ورنہ اگر وہ یہ بات کسی حقیقی علم کی بنیاد پر کرتے تو ان کو یہ بھی پتہ ہوتا کہ ان دونوں وجودوں کی ماہیت کیا ہے، اور کیا یہ دونوں وجود حلول اور اتحاد کی قابلیت بھی رکھتے ہیں یا نہیں؟۔ ان لوگوں کو ان تفاصیل کا کچھ پتہ نہیں ہوتا، کیونکہ یہ ان کی عقول سے باہر کی چیزیں ہیں۔ چنانچہ اپنے اقوال کی بنیاد محض اندازوں اور گمان پر رکھتے ہیں۔ اور ان میں سے کوئی بھی اس بات کا تکلف نہیں کرتا کہ اہلِ حق کے اقوال کو ان کے تمام پہلوؤں سے دیکھ کر سمجھنے کی کوشش کی جائے۔

اور جیسا کہ ہم نے پہلے کہا، کہ ہمارے نزدیک وجود ایک ہی ہے اور اس میں تعدّد نہیں ہے۔ چنانچہ یہ سوال پھر اپنی جگہ پر قائم ہے کہ خلق کی صورتوں میں حق کی جلوہ گری کیسے ہوتی ہے؟ ہم اس کے جواب میں یہ کہتے ہیں کہ یہ علم صرف کشف کے ذریعے ہی حاصل ہو سکتا ہے، یہ عقلی علوم میں سے نہیں ہے کہ محض فکر واستدلال سے اس نتیجے پر پہنچ جائیں۔ چنانچہ اہلِ عقل، اس قسم کے معارف کی تہہ میں پہنچنے سے عاجز رہ جاتے ہیں، کیونکہ ان مراتب کو صحیح طور پر نہ سمجھنے کی وجہ سے ان کی فکر و نظر کی بنیاد ہی ٹیڑھی ہوتی ہے، تو اس پر بننے والی عمارت بھی ٹیڑھی ہی ہوگی۔

سیّدی، ان لوگوں کی ایک بڑی تعداد تو سرے سے کشف کی ہی منکر ہے، چنانچہ جس چیز کو وہ مانتے ہی نہیں، اس کو اہمیت کیا دیں گے۔

---- تم نے ٹھیک کہا، لیکن علمِ کشف تو حسّی دلیل سے بھی ثابت ہے۔ کیونکہ کشف، انبیاء اور اولیاء کے علم کا ایک جزو ہے۔ اور یہ لوگ اس بات کو مانتے ہیں۔ چنانچہ جو شخص اس بات کا انکار کرتا ہے وہ اس شخص کی مانند ہے جو سورج کے وجود کا انکار کر دے۔ کیا یہ بات درست ہو سکتی ہے؟

سیّدی جو کشف کو نہیں مانتا، وہ نبوّت کو بھی نہیں مانتا، پھر وہ ہماری اس بات کو کیسے

مان سکتا ہے؟

---یہ بھی پہلے کی طرح ہے۔ کیونکہ نبوّت بھی حسّی طور پر ثابت ہے۔ اور کئی زمانوں میں کئی لوگوں نے اس کا دعویٰ کیا ہے۔ چنانچہ اس دعوے کے بعد یا تو ان کی تصدیق کی گئی، یا تکذیب کی گئی۔

تکذیب کرنے والے سے ہم یہ پوچھتے ہیں کہ "تمہارا یہ جھٹلانا، معروضی حقائق (Objective realities) کی بنیاد پر ہے یا بغیر کسی تحقیق کے ایسے ہی (Arbitrarily) یہ رائے اختیار کرلی گئی ہے؟"

اور اگر وہ کہے کہ اس نے اپنی ذاتی رائے یا اپنے جیسے کچھ لوگوں کی رائے کی بنیاد پر انبیاء کے دعوے کو غلط سمجھا ہے، تو ہم یہ کہیں گے کہ تمہاری یہ بات ایک یقینی بات نہیں ہے کیونکہ اس میں شک کی گنجائش موجود ہے۔ کیونکہ ایسا ہوتا ہے کہ ایک جنس (Category) سے تعلق رکھنے والا کوئی فرد (Individual) ایسا بھی ہوتا ہے اپنے ابنائے جنس سے ہر ہر صفت میں مشترک نہیں ہوتا۔ پس تم کیسے اپنے آپ کو یا اپنے جیسے دوسرے افراد کو ایک عام معیار (General Reference) قرار دے سکتے ہو؟ کیونکہ اس بات کے فیصلے کے لئے ایک خارجی امر (External Reference) کی ضرورت ہے۔

وہ External Reference ضروری ہے کہ نہ اِن لوگوں میں سے ہو اور نہ اُن لوگوں میں سے ہو، پھر وہ کون ہو سکتا ہے؟

---ٹھیک کہا تم نے، وہ External Reference حق ہے، جو انبیاء کی صداقت کی گواہی دیتا ہے، اور اسی کو معجزات کہتے ہیں۔ کیونکہ یہ معجزات، دونوں فریق کی قدرت سے باہر ہوتے ہیں اس بنیادی بات کو اچھی طرح جان لو۔

سیّدی، نبوّت کے اثبات کے لئے یہ ایک نئی بات ہے، کیا آپ کے پاس ولایت کے اثبات کے لئے بھی کوئی ایسی دلیل ہے؟

۔۔۔ جان لو کہ نبوّت کے ثابت ہو جانے سے ولایت بھی ثابت ہو جاتی ہے۔ کیونکہ یہ نبوّت کے لئے ایک جڑ کی حیثیّت بھی رکھتی ہے اور شاخ کی بھی۔ اگر اس کو حق کے ساتھ منسوب کیا جائے تو یہ نبوّت کے لئے ایک جڑ کی حیثیّت رکھتی ہے اور اگر اسے خلق کی تربیّت کے اعتبار سے دیکھا جائے تو یہ نبوّت کی ایک شاخ ہے۔ مطلب یہ کہ انبیاء نبی ہونے سے پہلے ، ولی ہوتے ہیں۔ اور اولیاء ہدایتِ خلق کے لئے انبیاء کے خلفاء و وارثین ہیں۔

سیّدی، کیا وجہ ہے کہ بعض اولیاء نے کچھ ایسے کلمات ادا کئے ہیں کہ جن کا انکار کیا جاتا ہے، جبکہ انبیاء نے ایسی باتیں کبھی نہیں کیں۔ آپ نے نبوّت و ولایت کے تعلق کے بارے میں جو کچھ کہا ہے اس کی روشنی میں یہ فرمائیں کہ اولیاء کی ایسی باتوں میں آخر کیا حکمت ہے؟

۔۔۔ جان لو کہ انبیاء اپنی ولایت میں اولیاء سے زیادہ اکمل ہوتے ہیں، اور اس کے ساتھ ساتھ وہ صاحبانِ شریعت بھی ہوتے ہیں۔ چنانچہ ان کا کلام ایک اعجاز (Miraculous Quality) رکھتا ہے، جس میں حقائق اور شریعت، دونوں مجتمع ہوتے ہیں، اور ایک دوسرے کی تنقیض (Contradiction) نہیں ہوتی۔ اور وحی کے ضمن میں حاصل ہونے والے علمی کمال کی وجہ سے وہ اس بات پر قادر ہوتے ہیں کہ حقائق کو آسان ترین زبان میں بیان کر سکیں۔ اور جہاں تک اولیاء کی بات ہے تو ان میں سے جو لوگ انبیاء کے قدم پر ہوتے ہیں، ان سے بھی ایسا کلام صادر نہیں ہوتا جو سماعتوں پر گراں گذرے۔ اور یہ لوگ اکابر اولیاء میں سے ہوتے ہیں۔

لیکن کچھ اولیاء ایسے ہوتے ہیں جو اس درجے سے نیچے ہوتے ہیں، چنانچہ یہ لوگ حقائق کو ایسی عبارات میں بیان کرتے ہیں جو سماعتوں کے لئے ناگوار ہو۔ اور ایسا یا تو غلبۂ حال کی وجہ سے ہوتا ہے، یا پھر حقائق کے مطالعے کے وقت دفعتاً ظاہر ہونے والی باتوں کی کیفیت سے اثر پذیر ہونے کی وجہ سے ہوتا ہے۔ جیسا کہ ایک کہاوت بھی ہے کہ ہر شئے کی ابتداء حیرت انگیز ہوتی ہے۔

یعنی، جو کچھ اصحابِ شطح (غلبۂ حال مین ادا ہونے والے بظاہر غیر شرعی کلمات) کہتے ہیں، وہ درست ہے؟

۔۔۔ہاں، لیکن اس مفہوم کے اعتبار سے جو ان کے ذہن میں ہے، نا کہ وہ مفہوم جو سننے والوں کے ذہن میں پیدا ہو چنانچہ یہیں سے انکار پیدا ہوتا ہے۔ کیونکہ عبارات اپنے سامعین کے مراتب کے مطابق سمجھی جاتی ہیں۔ مثال کے طور پر تم اہلِ ادب میں سے فصحاء و بلغاء کے کلام کو دیکھو، زبان دانی سے بے بہرہ شخص ان کے مجاز، کنائے اور استعارے کو سمجھ نہیں پاتا، خواہ مراتبِ حقیقت کے اعتبار سے یہ فصحاء اور عامی، دونوں ایک ہی مرتبے سے تعلق رکھتے ہوں۔ اب تم خود ہی دیکھ لو کہ جو شخص مرتبے میں آپ سے بلند ہو، اس کے کلام کو سمجھنا کتنا دشوار ہو گا۔

آئینے کی بات کی طرف رجوع کرتے ہوئے ہم یہ کہہ سکتے ہیں کہ شطحیات کو زبان پر لانے والے، اگرچہ آئینے میں ظاہر ہونے والی صورت کو دیکھتے ہیں، لیکن اس وقت، مختلف آئینوں میں رونما ہونے والے اختلاف کو نہیں دیکھ پاتے۔ جبکہ انبیاء اور اکابر اولیاء یہ دونوں باتیں (یعنی صورت اور آئینوں کے اختلاف کی نوعیت) دیکھتے ہیں۔ اور یہیں سے ان کے کمال اور نقص کا پتہ چلتا ہے۔

حقیقت اور شریعت کے بارے میں آپ کا کیا کہنا ہے؟ کیا یہ ایک دوسرے کو مکمل

کرتی ہیں یا باہم متعارض (Contradictive) ہوتی ہیں؟

---۔ حقیقت حق ہے اور شریعت بھی حق ہے۔ ان کی مثال روح اور بدن کی سی ہے۔ حقیقت، شریعت کے جسد کے لئے ایک روح کی حیثیت رکھتی ہے۔ اور یہ دونوں ہی حق کی مظہر ہیں۔ حقیقت بغیر شریعت کے (عام مذہبی آدمی کی سمجھ کے مطابق)، بیکار ہے، اور شریعت بغیر حقیقت کے (کسی بھی سمجھنے والے کی سمجھ کے مطابق)، باطل ہے۔ شریعت میں حقیقت ایسے ہی ہے جیسے جسم میں روح۔ اور حقیقت پر دلالت کرنے والی بیشمار شرعی باتیں ہیں، لیکن عام لوگوں میں غلط طور پر یہ تصور پایا جاتا ہے کہ شریعت صرف عبادات اور معاملات سے متعلقہ احکام ہی کا نام ہے۔ ان کی نظر ان اسرار پر نہیں جاتی جو ان احکامات کی بنیاد ہوتے ہیں۔ اگر عبادات اور معاملات کی تہہ میں حقائق نہ ہوتے تو وجود میں احکامات کا مرتبہ بھی کبھی ظاہر نہ ہوتا۔ چنانچہ یہ حقائق، کسی شئے کے حسّی وجود کے ساتھ اس کے علمی وجود کی مانند ہیں۔ چنانچہ جس طرح کسی شئے کا حسّی وجود ہوتا ہے، اور ایک علمی، اسی طرح احکامات اور ان کے حقائق ہیں۔

سیّدی، کیا اس طائفے (صوفیاء) کے علاوہ کسی اور گروہ کو بھی ان حقائق سے مطلع کیا جاتا ہے یا یہ صرف انہی کے لئے مخصوص ہیں؟

---۔ جان لو کہ حق اپنی تجلیّات کے اعتبار سے عام ہے۔ کوئی شئے ان تجلیّات سے خالی نہیں، لیکن ان تجلیّات کے علم کے اعتبار سے اتنا عام نہیں ہے۔ اور اس علم سے میری مراد، مشاہدے میں آنے والی چیز کے حق ہونے کا علم، اور اس کی حقیقت کا علم ہے۔ چنانچہ صرف یہ کہنا کافی نہیں کہ "یہاں سوائے حق کے اور کچھ موجود نہیں ہے"، بلکہ اس مشاہدے کی حقیقت کا علم ہونا بھی ضروری ہے۔ چنانچہ کچھ لوگوں نے یہی گمان کیا کہ یہ باتیں (صوفیاء کی شطحیات) محض بے ربط (Incoherent) ہیں، چنانچہ انہوں

نے ایسی لایعنی باتیں کیں جن کو کوئی بھی قبول نہیں کرتا۔ اور اس کی وجہ یہی ہے کہ انہیں کوئی ایسا آئینہ ہی میّسر نہ ہوا جس سے انہیں اپنے حال کی حقیقت معلوم ہوتی۔

اگر ایسی بات ہے تو پھر ہم یہ بھی کہہ سکتے ہیں کہ فلسفیوں کو بھی حق سے کچھ نہ کچھ حصّہ ملا ہے، کیا وجہ ہے کہ آپ ان کے طریق کو اہلِ حق کے طریق سے جداگانہ اور متوازی سمجھتے ہیں؟

---یہ جو تم کہہ رہے ہو، یہ تجلّی کے اعتبار سے تو درست ہے، جس کا وہ ایک حصّہ ہیں، لیکن ان کے فکری نتائج کے اعتبار سے غلط ہے کیونکہ انہوں نے اپنی فکر کو حق کے لئے ایک راہنما بنالیا۔ ہمارا مطلب یہ ہے کہ ہمارے طریق کے لوگ اس حق کو اس کے تمام پہلوؤں کے ساتھ پہچانتے ہیں جو فلسفیوں کے پاس ہے، لیکن فلسفی اپنے مرتب کردہ نتائج اور اقوال کی وجہ سے اس حق کے ہوتے ہوئے بھی اس سے محجوب ہیں۔

سیّدی، میں یہ معذرت کے ساتھ عرض کروں گا کہ آپ کے کلام کو پوری طرح سمجھ نہیں پایا۔ بلکہ مزید حیرت میں مبتلا ہو گیا ہوں۔

---یہ اس لئے کیونکہ تم اپنی عقل کے ذریعے اس کلام کو سن رہے ہو، چنانچہ اس کے نتیجے میں وہی کچھ سمجھ میں آئے گا جو عقل کے دائرۂ کار میں آتا ہے۔ لیکن جو کچھ اس کے دائرۂ کار سے باہر ہے، وہ سمجھ میں نہیں آتا۔ چنانچہ اس ضمن میں فلسفیوں اور بعض پہلوؤں سے ان فلسفیوں سے مشابہت رکھنے والوں کے حال کی کیفیّت اس مثال سے سمجھو:

فرض کرو کہ کوئی شخص ہے جس نے تمام عمر میں کبھی آئینہ نہیں دیکھا، اور نہ ہی کسی شئے مثلاً پانی وغیرہ میں اپنی صورت کا عکس دیکھا ہے۔ اس کے باوجود وہ شخص دوسرے لوگوں کو روزانہ دیکھتا ہے اور اسے یہ علم ہے کہ وہ ان لوگوں سے مشابہت رکھتا

ہے،اور اسے یہ بھی یقین ہے کہ اس کی ان لوگوں سے الگ ایک شخصیت ہے۔ اب کیا تم یہ کہہ سکتے ہو کہ اپنے ارد گرد کے لوگوں کی شکلیں دیکھنے سے وہ اپنے ذہن میں اپنی بھی کوئی شکل تراش پائے گا؟ کیا وہ اپنے آپ کو جان پائے گا؟ اور کیا دوسرے لوگوں کے بتانے سے وہ اپنے چہرے کے خدّ وخال جان پائے گا؟ یا یہ کہ اتنی مختلف شکلیں اور چہرے دیکھنے کے بعد اپنی صورت کے بارے میں اس کے حیرت اور جہل میں مزید اضافہ ہو گا؟ کیا لوگوں کی بتائی ہوئی مختلف تفصیلات سے وہ کسی خاطر خواہ نتیجے پر پہنچ جائے گا جس سے اس پر اپنی صورت واضح ہو، یا یہ کہ اس کی حیرت و درماندگی میں مزید اضافہ ہو گا؟

سیّدی اس مثال سے یقیناً خود شناسی کے لئے ایک آئینے کی ضرورت واضح ہوتی ہے۔ باوجود یکہ میں صرف عام آئینوں کے بارے میں ہی جانتا ہوں، لیکن آپ کی باتوں سے اتنا جان پایا ہوں کہ جن آئینوں کی آپ بات کر رہے ہیں، وہ انسان پر اس کی حقیقت کو واضح کر دیتے ہیں کہ اس کی کیا کیفیت ہے۔ باوجود یکہ مجھے آپ کی عبارات سے حق جھلکتا ہوا محسوس ہوتا ہے اور میں آپ کو سچّا سمجھتا ہوں لیکن، آپ کے آئینہ ہو جانے کی حقیقت سے ابھی تک ناواقف ہوں۔

۔۔۔ جیسا کہ ہم نے پہلے بتایا تھا کہ ہمارے طریق میں محض علم سے کوئی فائدہ حاصل نہیں ہوتا۔ چنانچہ انہی باتوں کو دوبارہ دہرانے کی کوئی ضرورت نہیں۔ اب وقت آ گیا ہے کہ ہم جدا ہو جائیں، کیونکہ یہ ہماری منزل نہیں۔ ہم اپنے حق کے ساتھ اپنی حقیقت کی طرف گامزن ہیں، کوشش کرو کہ تم ہمارے ساتھ آملو، والسلام علیک۔

☆☆

آئینۂ اصل

میں نے اپنے آئینے کی صحبت اختیار کی، تاوقتیکہ مجھے اس کے ذریعے اپنی ذات اور اپنی صفات کا تحقّق حاصل ہو گیا۔ اور تقرّب حاصل کرنے والے جن باتوں کے ذریعے تقرّب حاصل کرتے ہیں، میں بھی ان تمام ذرائع سے اپنے آئینے کے قریب ہوا، بغیر کسی تمنّا اور صلے کے۔ پس اس نے مجھے اپنے نفس کے لئے خالص کر لیا، اور مجھے میری غیریّت کی آلودگی سے پاک کیا، کیونکہ اس کی غیریّت اور میری غیریّت ایک ہی ہے۔ اس نے مجھے اپنی شعاع کی آگ سے جلا دیا، حتّٰی کہ مجھے زینت بخشنے والے سب رنگ مٹ گئے، اور میں اپنی زینت سے بالکل الگ تھلگ ہو گیا۔ پس جب وہ سب کچھ مجھ سے دور ہو گیا جسے میں اپنا آپ سمجھتا تھا، تو مین اپنی اس بے رنگی کی طرف لوٹ آیا، جو میری حقیقت کے سوا کچھ نہیں۔ پس آئینے کی صورت مجھ میں ظاہر ہو گئی۔ اور میں نے وہ سب کچھ اپنے اندر پایا جس کا مشاہدہ کیا کرتا تھا۔ اور ہم دونوں، دو مظہروں والا ایک آئینہ بن گئے۔ اور ہم دونوں میں سوائے اس حیثیت کے اور کوئی فرق نہ رہا کہ ایک جڑ تھی اور ایک اس کی شاخ۔

پس مجھے معلوم ہو گیا کہ میں حق کا آئینہ ہوں، جو عینِ حق ہے۔ اور اس میں وہ کچھ ظاہر ہوا جو میری جمع میں تھا، فرق سے پہلے۔ اور میں نے جان لیا کہ وہ صورت جو تجلّی کے بالمقابل ظاہر ہوئی، وہ میری ہی صورت تھی، جب میں اپنے آپ سے پُر (In fullness) تھا۔ پس میں شاہدِ مشہود اور عابدِ معبود ہو گیا۔ اور جب سمندر کی لہروں پر

شہود کی شعاع منعکس ہوئی تو مجھ پر ظاہر ہوگیا، کہ وہ جو گننے میں کئی لگتا ہے، ایک ہی فردِ واحد ہے۔

پس میرے سوا کوئی نہیں، چاہے اس کو ایک مان کر ایمان لے آؤں، یا انکار کر کے کفر کروں۔ پس اگر میں ایمان لے آؤں تو یہ میری صورت کی وجہ سے ہے، اور اگر جھٹلا دوں تو یہ جھٹلانا میری حقیقت کی طرف سے ہوگا۔ کیونکہ میری عزّت اور میرا افتخار، میرے کفر سے مکمل ہوتا ہے، جیسا کہ میں اپنے ایمان کی حالت میں اپنے اعیان کا مکمل علم رکھنے والا ہوتا ہوں، اور اسی سے میرے اقتدار کی سطوت ظاہر ہوتی ہے۔ اگر میں دائیں دیکھتا ہوں تو کہتا ہوں کہ "میں ہوں، وہ نہیں"، اور اگر بائیں دیکھتا ہوں تب بھی یہی کہتا ہوں کہ "میں ہوں، وہ نہیں"۔ پس کلام ایک ہے اور مقام کئی، چنانچہ میں نے اسے "کُن" میں مختصر کر دیا، اگرچہ بنانے والا، بننے والے کا غیر قرار پائے۔

پس جب میری شعاع، استعدادات کے شیشوں پر پڑی، تو ہر عالم (World) اپنی وسعتوں اور پھیلاؤ کے ساتھ، دوسروں سے ممتاز (Distinguish) ہوگیا۔ اور میری صورت، کئی صورتوں میں ظاہر ہوئی۔ اور حقائق، میری حقیقت میں منقسم ہوگئے۔ اور ان بننے والی صورتوں میں مختلف رنگ ظاہر ہوئے، تاکہ خوبصورت لوگوں کی صورتوں میں میرے جمال کی خبر دیں، اور انسان کی صفات میں میرے کمال کو ظاہر کریں۔ اور میری ذات میں جو اسرار تھے، زبانیں ان کی تفاصیل بیان کرنے لگیں، اگرچہ سمندروں کی سیاہی اور صورتوں کے اقلام (Pens) سے مدد دینے کے باوجود، وہ اس بیان سے عاجز رہیں۔ اور آنکھوں نے میری صورتوں میں میری صورت دیکھی، لیکن مجھے کسی نظّارے میں مقیّد نہ کر سکیں، اور حیرت میں مبتلا رہیں۔ پس میں غنی بھی ہوں اور صاحبِ فقر بھی۔ میں وہ واحد ہوں جو کثرتوں میں کثیر ہو گیا۔ مختصراً یہ کہ واحد، جمع اور تثنیہ کے

صیغوں میں تُو، وہ اور ہم، میں ہی ہوں۔

میں نے اپنے آپ کو اپنے کُل میں دیکھا، اور میرا بعض، بعض باتوں میں لا علم رہا۔ اور میری سنّت، میرے فرض میں مضمحل ہو گئی۔

پس جو کچھ ذکر کیا گیا اور نہیں کیا گیا، وہ سب میں ہی ہوں،۔ اور جو کچھ پچھ ذکر کیا گیا اور نہیں کیا گیا، میں اس کا غیر بھی ہوں۔ میں، میں نہیں۔ پس کوئی کلام نہیں، کوئی دید نہیں، کوئی علم نہیں، کوئی نشان نہیں، کوئی صفت نہیں، اور نہ ہی کوئی اسم ہے۔ پس پاک ہوں میں اپنی پاکی بیان کرنے سے، اور جو کچھ میری عظمتِ شان میں بیان کیا گیا ہے، اس سے ماوراء ہوں میں۔ پس علم کے بعد کوئی مقام نہیں سوائے جہلِ تام کے، اور دو جہانوں کے بعد کوئی منزل نہیں سوائے اک بیکراں لامکاں کے۔

درخت اپنی گٹھلی میں گم ہو گیا، اور دن نے جو چمک دمک دکھانی شروع کی تھی، اس پر رات کا پردہ لٹکا دیا گیا، اور جب ابتداء کی ملاقات انتہاء سے ہو گئی تو دائرہ مکمل ہو گیا۔ اور خزانے پر بے نشانی و گمنامی کی مہر لگا دی گئی۔

پس مجھ پر، میری طرف سے، میرا اسلام، اُس دن میں، جس میں میری کبر سنی کے باوجود، میری تمام عمر سما گئی۔

* * *